東京いちどは訪れたいお寺の名建築

［監修］小岩正樹
［文］大浦春堂

X-Knowledge

知っておきたい参拝の基本

普段何気なくお参りをしているかもしれませんが、
それぞれに参拝のお作法があります。
お作法は必ず守らねばならないものではありませんが、
一例として知っておきましょう。

1 山門の前で一礼

山門はいわばお寺の玄関。
ここから先は仏様の御庭なので、
まずは前で合掌して一礼した後に右足からくぐります。
敷居は踏まず、跨いで通ります。

2 手水舎で清める

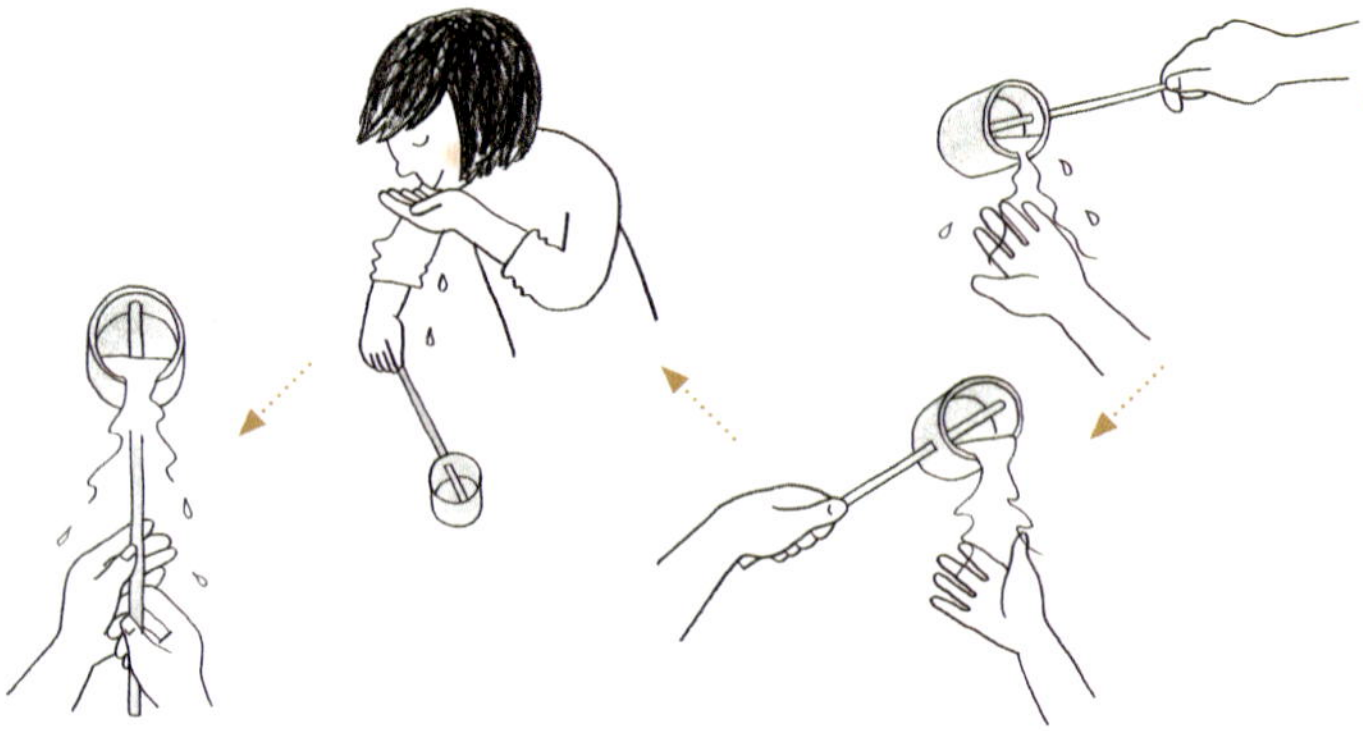

柄杓で水を汲み、左右の手を洗います。
次に手のひらに水を注いで口を清めてください。
最後に柄杓を立てて、残りの水で柄をゆすぎます。

3 お香の煙で清める

香炉から立ち上る煙を浴びて
心身を清めます。
具合の悪い部分にあてると
治るともいわれています。

4 お賽銭をする

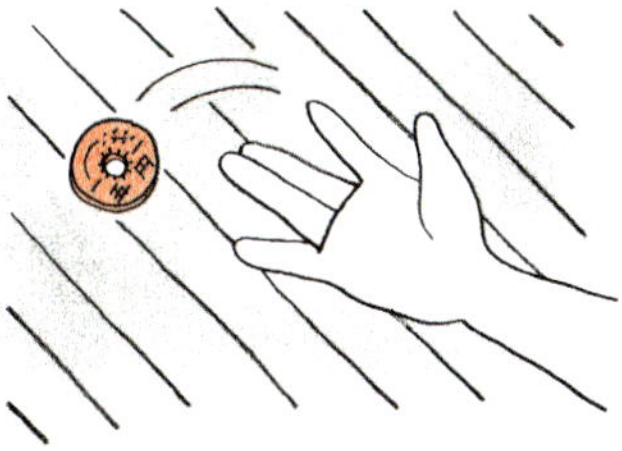

お堂に進み、
賽銭箱にお金を入れて
一礼します。

5 合掌して祈る

合掌して
心静かに仏様にお祈りします。
その後、一礼します。

6 帰るときは

御庭からの退出時には、
再び本堂に向かい
合掌、一礼してからくぐります。

◆ ◇ ◆

神社では拝殿の前で手を叩いて参拝しますが、寺院では叩きません。
寺院によっては仏前に真言が書かれていますので、
お祈りの際に唱えるとよいでしょう。
仏様の前ですので、帽子やサングラスは取ってからお参りしてください。

こんなに楽しい東京の寺院建築

小岩正樹

鐘楼は梵鐘《ぼんしょう》を懸けるための建築であり、梵鐘はその音によって行事の合図や時報、あるいは音色による悟り·迷いの打破を僧侶へ伝えます。音響効果のために、楼閣式や基壇《きだん》を高くしたりして鐘を高い位置に上げ、周囲が開けた場所が選ばれたり、四方を吹放ちとするものも多く、結果的に目を引く存在となっています。シンプルな形状とは裏腹に、柱や梁材は鐘を支えるため太く造られています。

マニアが多い鐘楼

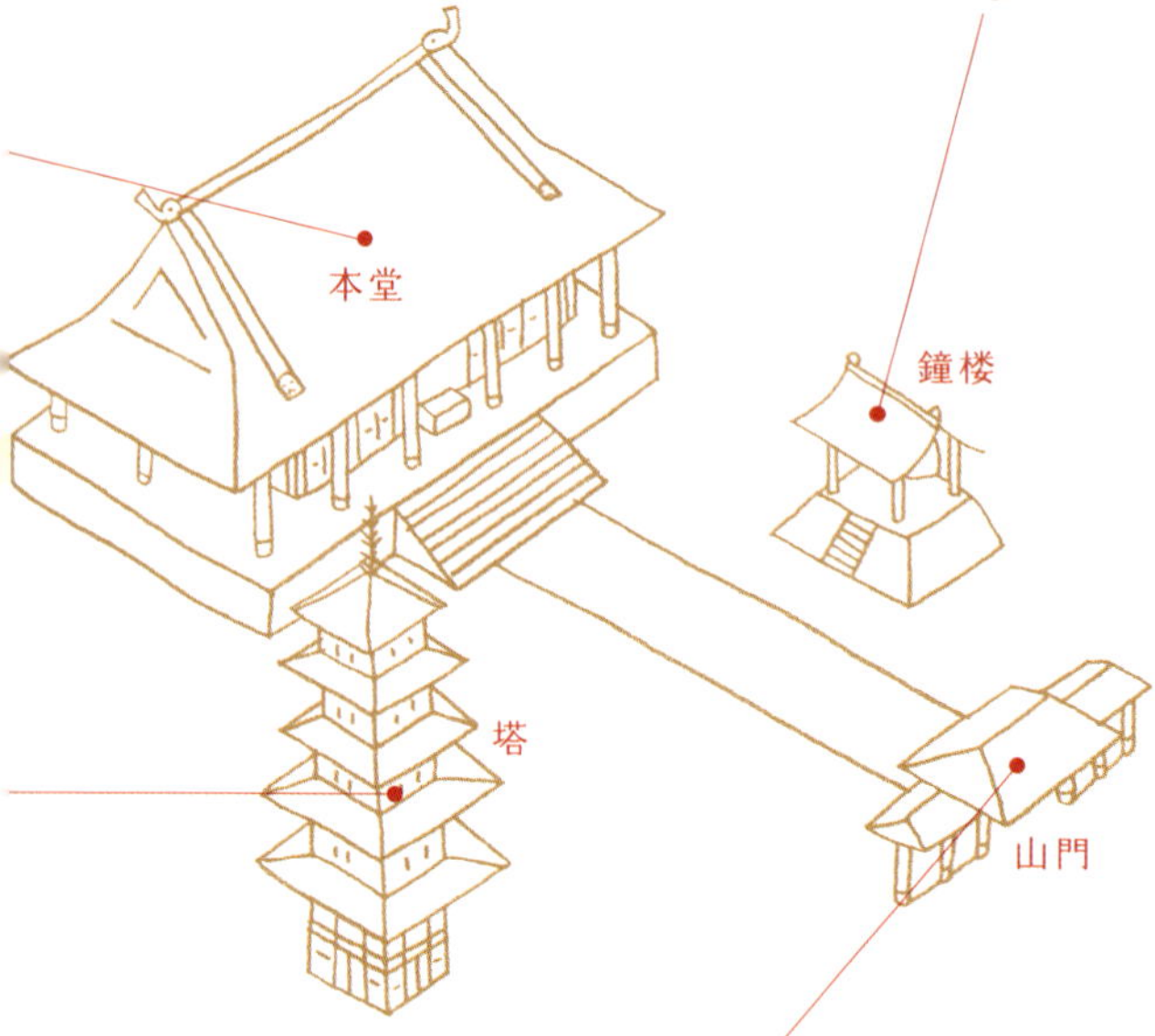

黄檗宗タイプ

楼門タイプ

山門の3タイプを見極めよう

仏教寺院の正門であり、清浄な伽藍《がらん》を守るためにあります。寺院は本来、山にあったため(△△山××寺という山号はそのため)、平地寺院でも山門と呼びます。三門や三解脱門とも言いますが、これは三境地の門を経て解脱に至るという教義によるものです。宗派や寺格により建築形式が異なり、本山などは二重の楼門として上層に仏像を安置します。単層でも、柱や扉の数によって江戸時代以来の規定の格があり、例えば四脚門は門扉の前後それぞれに二つ柱がある高級な門です。黄檗宗の門は、本殿にあたる大雄宝殿《たいゆうほうでん》に似て、意匠性が高いです。

単層タイプ

寺院建築の中心を担う本堂

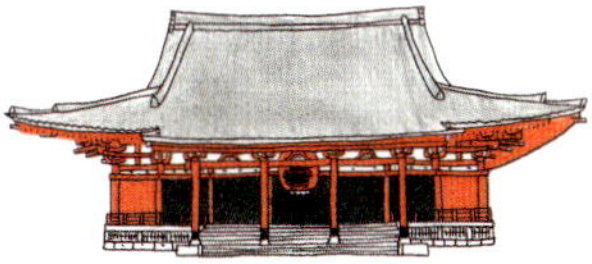

一般的なタイプ

黄檗宗タイプ

禅宗様タイプ

寺院建築の中心となる施設で、一般には本尊が安置されます。東京でよく見る様式は和様仏堂と呼ばれるもので、仏像が安置される内陣と参拝のための外陣が、ひとつの建築のなかで前後に配されたものです。これに対し、禅宗様と黄檗宗は大陸風の建築で、床を張らず屋根の反りが強い点などが特徴です。禅宗様は鎌倉時代に移入し、細かな造作が特徴です。黄檗様は江戸時代に移入した明《みん》の建築様式で、本堂ではなく大雄宝殿などと呼び、独特の意匠です。江戸は新興都市のため、移入者が多くこの新宗派に帰依しました。

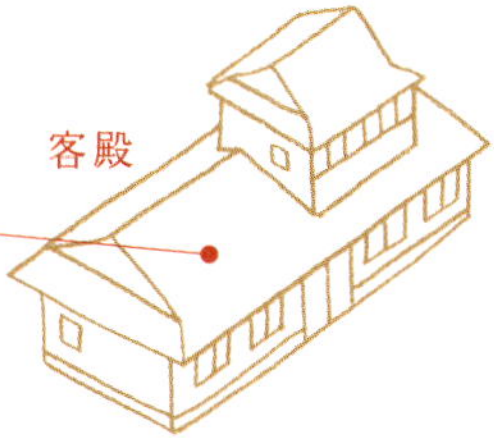

客殿は名のとおりお客様のための建物

訪問者の接遇や、行事、檀家による会合を執り行うための建築であり、現代では、寺務所や、庫裏《くり》といった生活のための機能を兼ねる場合も多くあります。そのため、機能としては住宅建築に分類されますが、床の間や違い棚を備えた書院造風の座敷が客殿の中心的な部屋となり、部屋から望める庭に工夫を施すこともあります。外観は寺院建築の本堂などの意匠を施す場合が多いです。

塔の役割は？

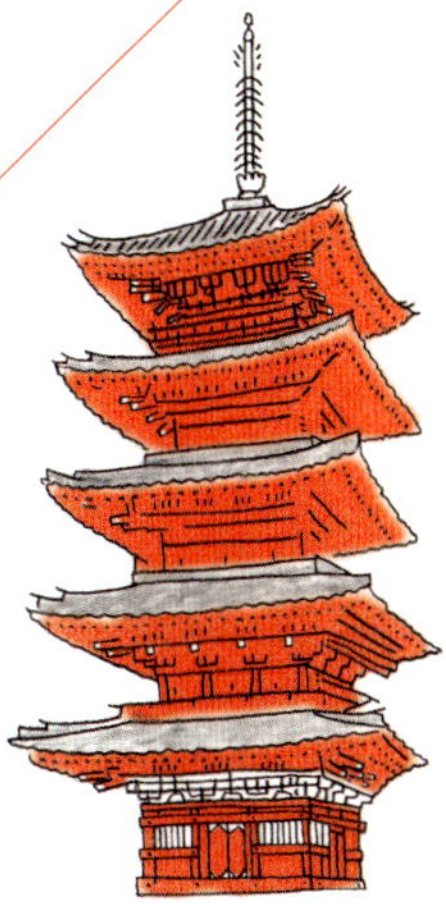

釈迦の遺骨に見立てた仏舎利《ぶっしゃり》を奉納するための建築です。古代インドにおける仏舎利を奉納したストゥーパが、東アジアに伝わり、その際に卒塔婆《そとば》と音写され、塔婆・塔と呼ばれました。日本では材料によってさまざまな塔がありますが、主なものは木塔で、さらに五重塔といった多重塔と、多宝塔・宝塔とに分けられます。多重塔は、初重に仏像を安置する例はありますが、いずれも二重目以上には上がれないことが一般です。仏塔は、古代では伽藍《がらん》の中心的な建築とされましたが、やがて本堂が中心となりました。

TOKYO WEST AREA

第I章 西エリア

第2章

東エリア

TOKYO EAST AREA

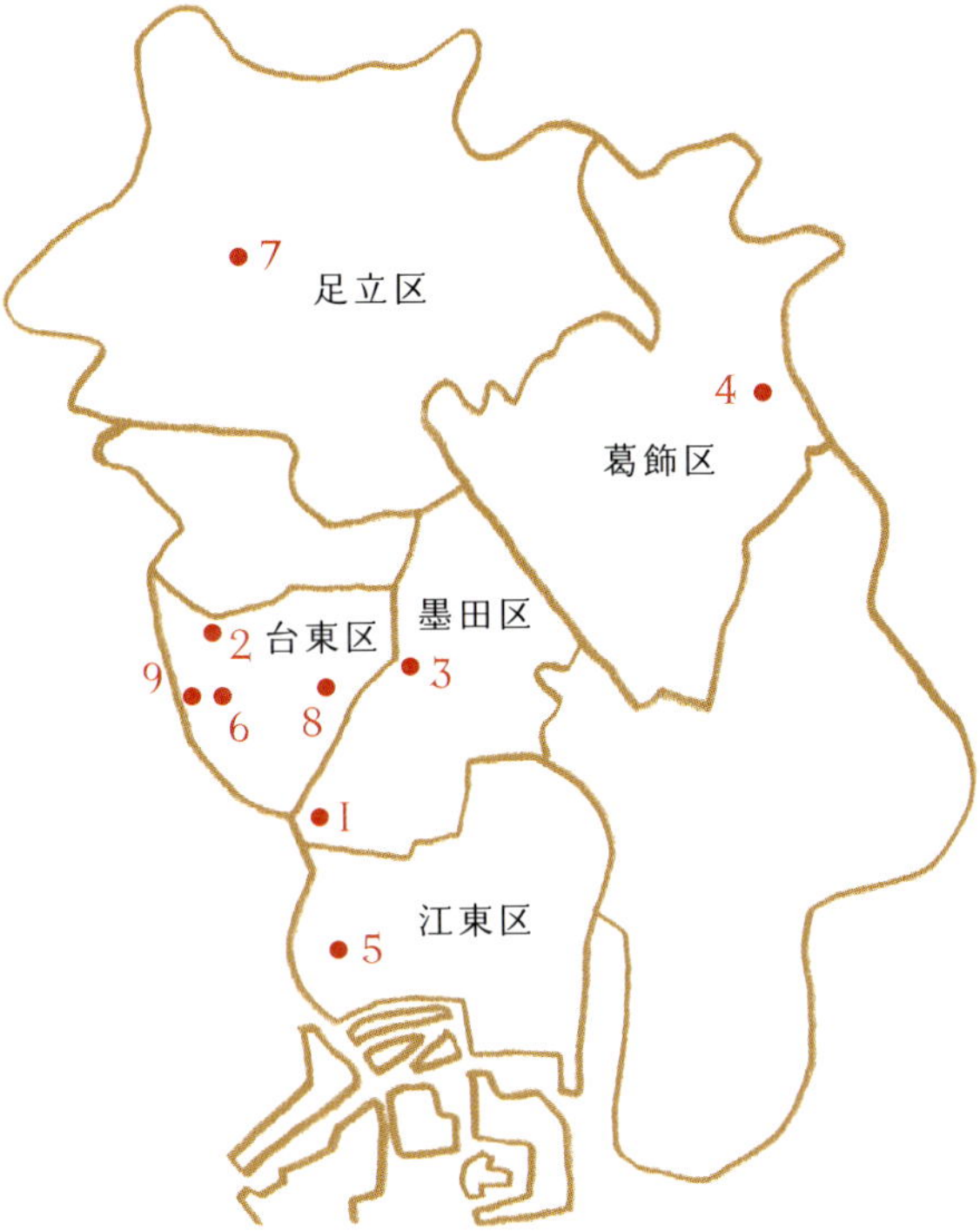

第3章 市部エリア

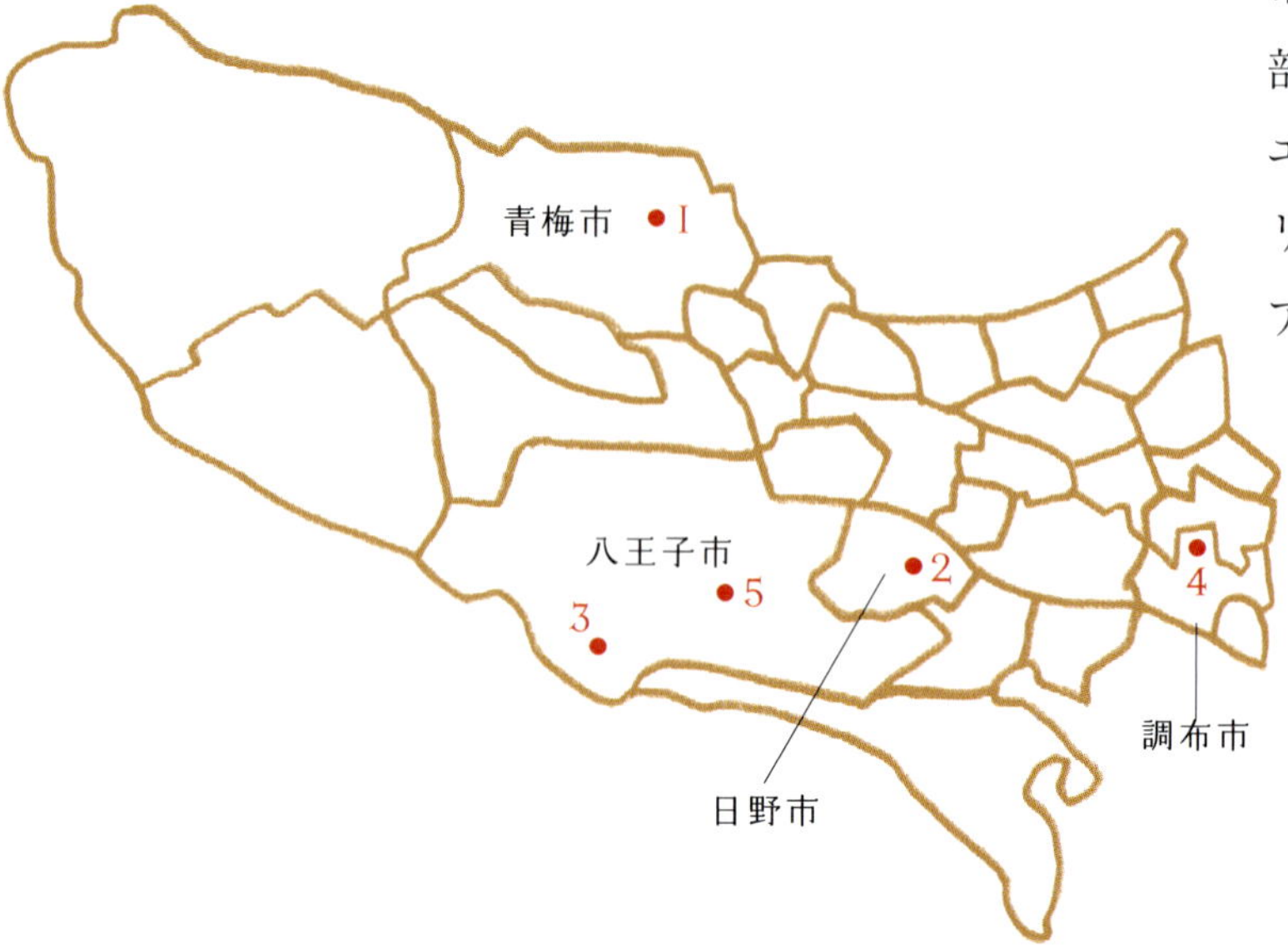

撮影———永禮 賢
デザイン———名和田耕平+宮下華子（名和田耕平デザイン事務所）
イラスト（P2〜5）
地図（P6〜8）—たけなみゆうこ
Royal Collection Trust /

第 I 章

TOKYO WEST AREA

西エリア

浄土真宗本願寺派 築地本願寺

門をくぐったら、そこは異国

古代インド風の石造りの本堂が、独特の異国情緒を醸し出す築地《つきじ》本願《ほんがん》寺《じ》。築地場外市場と並んでこの地のシンボル的存在です。建立されたのは１６１７年、当時の浅草横山町にあったことから「浅草御堂」と呼ばれていました。その後、１６２５年に江戸幕府から本願寺の別院として公認されます。しかし、江戸市中の大半を焼き尽くした「明暦の大火」に見舞われ、坊

アーチ型をした本堂の屋根。正面は菩提樹《ほだいじゅ》の葉と、中央に蓮の花を描いている。

舎を焼失してしまいました。幕府の新たな復興都市計画では、元あった浅草ではなく、八丁堀の海上を再建場所に指定。佃島《つくだじま》の漁師など多くの門信徒たちが協力し、海を埋め立てて土地を築きました。築地という地名はこれが由来となったとする説があります。１６７９年に本堂が再建、築地御坊と呼ばれるようになりました。築地本願寺を中心に58もの寺を要する寺内町を形成しますが、以降も度重なる火事や地震に見舞われます。

現在の本堂は１９３４年、建築家・伊東忠太の設計により鉄筋コンクリート造で建てられました。伊東は幻獣や動物の造詣が深く、築地本願寺にも獅子や動物モチーフを見つけることができます。２０１４年には本堂を含めた石塀と正門、北門、南門の門柱が国の重要文化財に指定されました。

1

2

1. 本堂入口。モダンで重厚なつくりが個性的。2. 講堂裏にある講堂控え室の天井付近。細部までこだわり抜かれている。（基本的に一般非公開）3. 伊東忠太こだわりの動物や幻獣がいたるところに。4. 講堂控え室。さながら洋館のよう。5. ホールの床に敷かれた幾何学模様のタイル。6. 本堂内の柱の朱雀。柱を一周するように青龍・白虎・玄武もいる。7. 本堂の入り口に設置された蓮の花を模したステンドグラス。

異国情緒溢れる
ユニークな雰囲気

1

2

3

4

何時間も
いたい
心地よい
佇まい

Information

所在地 ◆	東京都中央区築地3-15-1 03-3541-1131
本堂参拝時間 ◆	4月～9月　6:00～17:30 10月～3月　6:00～17:00
アクセス ◆	東京メトロ日比谷線「築地」駅直結

1. 内陣の天井。見上げても楽しい要素がたくさん。2. 講堂控え室のライトは洋風。3. 導師の頭上にかざす装飾具、人天蓋《にんてんがい》。4. 内陣。ご本尊の阿弥陀如来立像を安置する須弥壇《しゅみだん》が見える。刺繍が施された赤い布はお彼岸などの際にかけられるもの。

鬼子母神堂

安産・子育の神を祀る〝稲荷の森〟

安産・子育の神様として信仰をされている鬼子母神を祀る、雑司ヶ谷鬼子母神堂《きしもじんどう》。鬼子母神はインドの神話で訶梨帝母《かりていも》と呼ばれる女神で、多くの子どもを産みましたが、近隣の幼児をさらってきては食べてしまう夜叉でした。人々から恐れ憎まれているのを見かねたお釈迦様が、その過ちから訶梨帝母を救うために末の子を隠しました。嘆き悲しむ訶梨帝母にお釈迦様は

御本尊を祀る鬼子母神堂の内陣。

「千人のうちの一子を失うもかくの如し。いわんや人の一子を食らうとき、その父母の嘆きやいかん」と戒めました。そのとき訶梨帝母はお釈迦様に帰依し、安産・子育の神となることを誓ったと伝えられています。

御本尊の鬼子母神像は１５６１年、雑司の役にあった柳下若挟守の家臣、山村丹右衛門が今の文京区目白台の界隈より掘り出して寺に納めたものだと伝えられています。霊験あらたかであったことから多くの人がお詣りに訪れ、１５７８年に村の人々によって〝稲荷の森〟と呼ばれていた現在の地に堂宇が建てられました。現在のお堂は１６６４年に建立されたもので、２０１６年には国指定の重要文化財となりました。境内には樹齢７００年と伝わるいちょうのほか、今では見られなくなった土の空地周辺の子どもたちの憩いの場にもなっています。

おだやかな
鬼子母神が
境内を見守る

1

2

3

6

4

7

5

Information

所　在　地	◆	東京都豊島区雑司が谷3-15-20 03-3982-8347
本堂参拝時間	◆	9:00〜16:00
アクセス	◆	東京メトロ副都心線「雑司が谷」駅より徒歩5分

1. 鬼子母神の像。2. 天井に並ぶ奉納絵馬。なかには鬼子母神がお釈迦様に諭され、解脱する様子を描いた「鬼子母神解脱之図」も。3. 正面には信者から奉納された御供物が並ぶ。4. 金剛不動尊を祀る法《のり》不《ふ》動堂《どうどう》。5. 防火桶。6. 鬼子母神の石像。7. 本堂（鬼子母神堂）の外観。千鳥破風と唐破風が正面を強調。

吉祥寺

大火を経ても残る
学問の香り

　吉祥寺《きちじょうじ》は太田道灌が江戸城を築城する際に、井戸の中から「吉祥増上」の金印が発見されたことから、１４５８年に城の敷地内に「吉祥庵」を作ったのがはじまりと伝えられています。創建当時は現在の和田倉門がある辺りにありましたが、１５９１年、徳川家康の江戸入府をきっかけに移転します。その頃、神田上水に架けられた橋は〝吉祥寺橋〟と呼ばれていたの

かつて和田倉門のあたりにあった吉祥寺。門前の民は大火後に武蔵野に移転し、現在の吉祥寺の発展の祖となった。

だとか。江戸の街だけでなく江戸城の天守まで焼き尽くし、多くの被害者が出た１６５７年の「明暦の大火」では、吉祥寺も全焼してしまいます。この大火がきっかけとなり、現在の駒込の地に再び移転。最盛期には敷地内に七堂伽藍が建立されました。

関東における曹洞宗の宗門随一の学寮「旃檀林《せんだんりん》」が置かれ、１千人を超える学僧たちが学寮で学びました。ちなみにこの旃檀林は、現在の駒澤大学の前身としても有名です。大寺院に発展した吉祥寺でしたが、第二次大戦でそのほとんどが焼失、１８００年代に建てられたものは山門と経蔵のみとなりました。

境内には〝吉祥寺大仏〟の名で親しまれる釈迦如来坐像が鎮座するほか、榎本武揚《たけあき》や二宮尊徳のお墓や八百屋お七・吉三郎比《ひ》翼塚《よくづか》なども置かれています。

1.1722 年に鋳造された、吉祥寺の大仏とも呼ばれる釈迦如来坐像。2. 経蔵の彫刻。第二次大戦の戦火を免れ、文京区の指定有形文化財になっている。3. 六地蔵。4,5.1804 年に再建された鐘楼。周囲には枝垂れ桜が植えられ、春には花見に訪れる人も多い。6. 開山堂は屋根に青銅製の露盤宝珠をのせた二重宝形造りと呼ばれる工法で建造された。7. 経蔵は 1804 年に再建された、往時を忍ばせる数少ない建造物。

7

東京大空襲を
生き延びて立つ
経蔵

Information

所在地 ◆	東京都文京区本駒込3-19-17 03-3823-2010
参拝時間 ◆	9:00〜17:00
アクセス ◆	東京メトロ「本駒込」駅より徒歩7分

九品佛 淨眞寺

９体の阿弥陀如来像が出迎える

世田谷区奥沢にある九品佛浄真寺《くほんぶつじょうしんじ》は、１６７８年に珂碩上人《かせきしょうにん》が開いた浄土宗の寺院です。総欅造りの本堂には、上人が自ら彫り上げたと伝えられる釈迦牟尼仏《しゃかむにぶつ》を中心に、右に善導《ぜんどう》大師、左に法然《ほうねん》上人の像が安置されています。「九品佛」の名前は、その名の通り境内に並ぶ３棟のお堂に納められた９体（九品）の阿弥陀如来像に由来します。中央の堂を上品堂《じょうぼんどう》、北側の堂

1708年に建立された鐘楼。地元の名家が先祖供養のために鋳造し寄進した。

を中品堂《ちゅうぼんどう》、南側の堂を下品堂《げぼんどう》といい、それぞれに上生《じょうしょう》・中生《ちゅうしょう》・下生《げしょう》の3体、3つのお堂を合わせて9体が納められているのです。これらはすべて、珂碩上人と弟子・珂憶《かおく》上人の合作と伝えられており、東京都指定有形文化財にも指定されています。

また、3年に1度行われる「お面かぶり」(二十五菩薩来迎会《らいこうえ》)も有名です。これは、本堂と上品堂の間に渡された橋を菩薩の面をかぶった僧侶や信者らが3度渡るというもので、菩薩に扮して橋を渡った者は、極楽往生できるといわれているのだとか。

このお面かぶりは、東京都の無形民俗文化財に指定されています。また、東京都指定天然記念物にも指定されている境内のイチョウやカヤをはじめ、敷地内には多くの木々が植えられており、参拝者や散歩に訪れる地元住民の目を和ませています。

心が落ち着く
自然豊かな
境内へ

1. 別名「紫《し》雲楼《うんろう》」と呼ばれる仁王門。1793 年に建立された。2. 開山した珂碩上人が自ら彫った釈迦牟尼如来を祀る本堂。珂憶造りといわれる茅葺きの建造物で、「龍護殿」との別称ももつ。3. 東京都天然記念物に指定されるイチョウは幹囲 4.4 メートル、樹高 18 メートルを誇る。4. 総門。扁額の「般舟場」の文字は二世住職の高弟・珂慶上人の手によるもの。5. 本堂に安置された釈迦牟尼如来。6. 本堂内陣の天井。7. 本堂外陣上部の天蓋。色鮮やかな天女が描かれる。

5

7

6

1

増上寺

2

新補化佛は化佛の背面に寄進者芳名等を墨書した後に光背に奉納いたします。
中品上生佛大修繕完了
祝
中品堂本座還着

3

手・指の形が異なる
9体の阿弥陀が説法

Information

所在地	✦	東京都世田谷区奥沢7-41-3 03-3701-2029
本堂参拝時間	✦	9:00～16:30
アクセス	✦	東急大井町線「九品仏」駅より徒歩1分 東急線「自由が丘」駅より徒歩8分

1. 下品堂。左から下品下生、下品上生、下品中生。2. 上品堂。左から上品下生、上品上生、上品中生。お堂は3棟とも同じつくりをしている。3. 中品堂。左から中品下生（写真は修繕中）、中品上生、中品中生。4. 紅葉の名所としても知られる。5. 本堂の西側に上・中・下品堂（阿弥陀堂）3棟が並んで建つ。本堂は現世であり、阿弥陀堂はあの世（西方浄土）と位置づけられる。6. 観音堂の周囲には、三十三体の観音様が点在する。

護国寺

桂昌院の祈願寺にして
都内最大級の伽藍

護国寺《ごこくじ》は１６８１年に、徳川五代将軍・綱吉公の生母・桂昌院の発願によって創建された真言宗の寺院です。明治16年、大正15年と2度の火災で堂宇の多くを失いました。幸いにも御本尊である天然琥珀如意輪観世音菩薩像が安置する観音堂（本堂）は難を逃れて、元禄以来の姿のまま佇んでいます。この本堂と１９２８年に大津市の三井寺より移築された月光殿が国の重要文

本堂は1697年に幕府からの命によって造営され、元禄時代の建築工芸の粋を集めた建造物として名高い。

化財に指定されているほか、元禄年間に建てられた薬師堂や太師堂、仁王門など多くの文化財や国宝を有しています。

将軍家ゆかりの寺院として発展しましたが、明治時代以降は近隣住民をはじめとする一般市民からの信仰を集めました。現在も節分会や花まつり、大施餓鬼会法要など、年間を通して行われるさまざまな行事には多くの信徒が足を運ぶのだとか。墓所には大隈重信や山県有朋など歴史に名を残す人物も数多く埋葬されています。

もうひとつ、護国寺の名物といえば境内を入って右手にある〝音羽富士〟。山岳信仰が流行した江戸時代頃につくられたものだといわれ、標高約7メートルの富士塚には、富士山と同じように合目石が置かれています。護国寺を参拝した折には、こちらも立ち寄ってみては。

1,7. 三十三応現身像とは観音菩薩が 33 の姿に変化し、救済の手を差し伸べるといわれる。（本堂内部の撮影不可）2. 二童子像。3. 地蔵菩薩。4. 出山釈迦像。5. 不動明王像。6. 高砂の奉納絵馬。

6

将軍家の威容を漂わせる壮大な内部

7

1. 本堂の軒の組み物は一番格の高い形式「三手先組物」。2.1938 年に建立された多宝塔。国宝の石山寺の多宝塔を模してつくられた。3. 国指定重要文化財の月光殿。滋賀にある三井寺の塔頭寺院・日光院の客殿を移築したもの。4. 本堂の外観。雄大さは都内随一のものといわれる。

多数の文化財を一同に抱える広大な境内

information

所在地 ✦	東京都文京区大塚5-40-1 03-3941-0764
本堂参拝時間 ✦	9:00〜16:00（12:00〜13:00閉堂）
アクセス ✦	東京メトロ有楽町線「護国寺」駅より徒歩1分

豪徳寺

井伊家と猫の縁を伝える

豪徳寺《ごうとくじ》は、１４８０年、世田谷城主・吉良政忠が亡くなった伯母の菩提のために創建したと伝えられています。創建当時は「弘徳院」の名が付けられましたが、１６３３年に世田谷領が彦根藩領地となります。その後、直孝公が亡くなり、その戒名の久昌《きゅうしょう》院殿《いんでん》豪徳《ごうとく》天英大《てんえいだい》居士《こじ》より「豪徳」をいただき、豪徳寺となりました。一説では〝招き猫〟発祥の地ともいわれている豪徳寺。

1967年に再建されたコンクリート造の本堂。

彦根藩2代藩主・井伊直孝公が、寺の飼い猫の手招きによって雷雨の難を逃れ、そこで住職の説法を聞いたことをきっかけに菩提寺となり繁栄しました。現在、境内に建てられている仏殿や、鎮座するその三世仏像、達磨・大権修埋菩薩像、及び石灯籠二基、梵鐘は、井伊直孝の娘の亀姫（掃雲院）によって、亡き父親の冥福を願って創られました。ちなみに、直孝公を救った猫は現在も招福庵に祀られています。招福殿横の奉納所には、参拝者の願いを叶え、返納された招き猫がずらりと並び、豪徳寺の名物として地元住民をはじめ、多くの人に親しまれています。

また、境内には井伊家代々の墓があり、国指定史跡となっています。この地には、彦根13代目藩主であり、桜田門外の変で暗殺された井伊直弼もこの地に埋葬されたといわれています。

紅葉が彩る
井伊家代々の
足跡

1. 寺内で最も古い建造物である仏殿。1677 年に直孝の娘が父の菩提を弔うために建立した。2. 曹洞宗の高祖・道元禅師をはじめ釈迦如来坐像、阿弥陀如来坐像、歴代の住職、井伊家ゆかりの人々の木像を安置する開祖堂。3. 納骨堂。4. 井伊家の上屋敷にあった長屋門を移築したものと伝えられている赤門。5. 鐘楼に吊るされた梵鐘は 1679 年鋳造で、東京 23 区内では最も古いといわれている。6. 三重塔の軒下を支えるように配された邪鬼。7.2006 年に建てられた三重塔。

1. 絵馬にも招き猫のイラストが。2. おびただしい数の招き猫。願い事の成就のお礼に納める人が後を絶たない。3. 秋の時期は紅葉も見所。4. 豪徳寺の開祖・直孝をはじめ歴代藩主、側室などの墓石が並ぶ。5. 国指定史跡になっている井伊家墓所。6. 昭和初期に再建された山門。

3

4

5

6

参拝者の
願いの数だけ
招き猫

Information

所在地 ◆	東京都世田谷区豪徳寺2丁目24-7 03-3426-1437
本堂参拝時間 ◆	6:00〜18:00
アクセス ◆	小田急電鉄小田原線「豪徳寺」駅より徒歩8分

常照院

超都心に佇むオアシスのようなお寺

常照院《じょうしょういん》は一光三尊《いっこうさんぞん》阿弥陀如来を御本尊にお祀りする浄土宗の寺院です。開創の時期は不詳ですが、室町時代の１４２９年７月、漁夫が海で網にかかった一光三尊仏を発見。１４７０年に常照院の住職・周公上人が漁夫の家からお遷しして御本尊としたとの伝承があります。もとは芝浦にあった不断説法所でしたが、現在の芝の地へ移転すると、増上寺の子院となりました。

外壁を石積みにし、震災や戦禍を免れた常照院土蔵（あかん堂）。1769年当時のままの内陣が現存している。

住職が三代続いて肥前（現在の佐賀県唐津の旧域）の出身だったことから、肥前鍋島藩の宿坊にも利用されました。現在の本堂・内陣は江戸時代に「あかん堂」と呼ばれたといいます。御本尊が秘仏であったために「開かないお堂」のあかん堂である説や、赤いお堂が訛ったなどの説があります。

　１７６２年大火に見舞われ伽藍は焼失しますが１７６９年に再建。増上寺・徳川家御霊屋の部材を建築資材に使用したため、今も残る本堂内陣は、より古い徳川家霊廟の意匠を残しています。１９４５年に空襲に遭いますが、内陣は焼失を免れて２００１年、東京都の登録有形文化財に指定されました。江戸時代、歌舞伎の市川團十郎家の菩提寺だったため、５代目團十郎が寄進した唐金の灯籠や７代目の寄進である石の水鉢が残っています。

1

2

3

高層ビルが建ち並ぶ
芝にあることを
忘れる静寂さ

1. 本堂内陣は外壁を大谷石で囲われた土蔵造のため、焼失を免れた。2. 掛軸は大本山光明寺(鎌倉)の法主・柴田哲彦大僧正が書いたもの。3. 内陣の黒漆塗の格子天井には梵字が描かれている。4. 増上寺の子院だったことから常照院の住職は、江戸時代、増上寺の寺務を担った。5. 7代目團十郎が寄進した石の手水鉢には市川家の三升紋が彫られている。6. 庭から客殿を見た様子。訪日外国人も拝観にやってくるという。

Information

所在地 ◆ 東京都港区芝公園1-8-9
アクセス ◆ 都営浅草線「大門駅」より徒歩3分
本堂は基本的に非公開

萬松山 泉岳寺

忠臣蔵・浅野家の縁の名寺

「忠臣蔵」で有名な泉岳寺《せんがくじ》は、徳川家康が帰依した今川義元の孫といわれる門庵宗関《もんなんそうかん》が１６１２年に開いた曹洞宗の寺院です。青松寺（港区愛宕）、総泉寺（板橋区小豆沢）とともに曹洞宗の江戸三ヶ寺のひとつとして、曹洞宗の行政面を担ったほか、多くの曹洞宗僧侶の養成にあたりました。

当初は桜田門の辺りにありましたが、１６４１年に起きた「寛永の大火」

1953年に再建した本堂には、御本尊の釈迦如来のほか、大石内蔵助が信心していた摩利支天を奉納している。

によって境内は焼失。徳川三代将軍・家光の命によって、現在の地で再建することになります。この移転に際しては、毛利家や赤穂浅野家、朽木家、丹羽家、水谷《みずのや》家の五大名が尽力したと伝えられています。これが縁となり、赤穂浅野家は泉岳寺を江戸の菩提寺としたといいます。世に言う「忠臣蔵」で知られる吉良家への討ち入りの後、切腹を命じられた赤穂義士たちの墓所ともなりました。

討入りから約50年後に上演された歌舞伎「仮名手本忠臣蔵」の興行が盛んになると、さらに参詣者で境内が賑わうようになったといいます。現在でも討入りの日（12月14日）が近づくと、全国から赤穂義士達を偲んで多くの人が墓所に線香を手向けにやってきます。2002年に開館した赤穂義士記念館には、寺宝とともに赤穂義士関係の資料が展示されていることから、見学に来るファンが後を絶ちません。

3

2

静かな境内のなか 赤穂義士たちがひっそりと眠る

1. 山門の裏手に青々と茂る松の木。泉岳寺の山号・萬松山は「松萬代に栄ゆる」の意味で、松平の名から松を取ったという。2. 山門の1階天井には、江戸末期から明治初期に活躍した彫金の名匠・関義則の作である銅彫の龍蟠がはめ込まれている。3. 本堂の唐破風 棟鬼飾り。寺紋･五七桐紋のほか、流水などが確認できる。4. 義士墓の入口の門は、現在の聖路加病院にあった浅野家の鉄砲洲上屋敷の裏門を明治時代に移築した。5. 義士たちが吉良上野介を討ち取り、その首級を洗ったと伝わる「首荒い井戸」。6. 赤穂義士の墓には浅野内匠頭長矩と妻、そして仇討ちを果たした47人の義士のうち45人などが埋葬された。

Information

所在地	東京都港区高輪2-11-1 03-3441-5560
本堂参拝時間	4月～9月　7:00～18:00 10月～3月　7:00～17:00 赤穂義士記念館は9:00～16:00 （2･8月の最終水曜日休館）
アクセス	都営浅草線「泉岳寺」駅より徒歩1分

増上寺

奇跡の建築物とも言われる三解脱門は必見

1393年、浄土宗第八祖酉《ゆう》誉《よ》聖《しょう》聰《そう》上人によって開かれた増上寺《ぞうじょうじ》は、開山から600年の歴史を誇ります。当初は現在の千代田区平河町から麹町界隈にありましたが、1598年に、現在の芝の地に移転しました。安土桃山時代に徳川家の菩提寺に選ばれます。江戸幕府の成立後には家康の手厚い保護もあり、大きく発展していきました。家康は1616年に「増上寺で

東日本最大級の山門で正式名称を「三解脱門」という。1622 年に建立され、国の重要文化財となっている。

葬儀を行うように」と遺言を残して没しましたが、その後も隆盛を極めます。現在、敷地内には2代秀忠、6代家宣、7代家継、9代家重、12代家慶、14代家茂の合計6人の将軍の墓所が設けられています。

明治から昭和にかけては、政府によって境内地が召し上げられたほか、大火や空襲によって大殿が何度も焼失するなど、さまざまな苦難に見舞われました。そのたびに時間をかけて復興をしており、現在御本尊が鎮座する大殿は１９７４年に、4年の歳月を費やして建立されたものです。１万６千坪を超える広大な境内には、焼失をまぬがれた三解脱門や黒門をはじめ、大殿や安国殿などの堂宇が並びます。１２０名の日本画家による作品が奉納された光摂殿の天井画は、見どころのひとつでもあります。

柔らかな光が差し込む本堂

1. 本堂は首都圏では最大級の御堂で、モダンかつシンプルなのが特徴。2. 増上寺宝物展示室で観ることができる「台徳院殿霊廟模型」は「日英博覧会」に出品された展示物。3.「三解脱門」は「むさぼり」「いかり」「おろかさ」の３つの煩悩を解脱するとされる。4. 本堂に置かれた雅楽太鼓。増上寺で催される年に数度の雅楽で、僧侶が使用する。5. 本堂の飾り窓。どこかモダンな雰囲気。

5

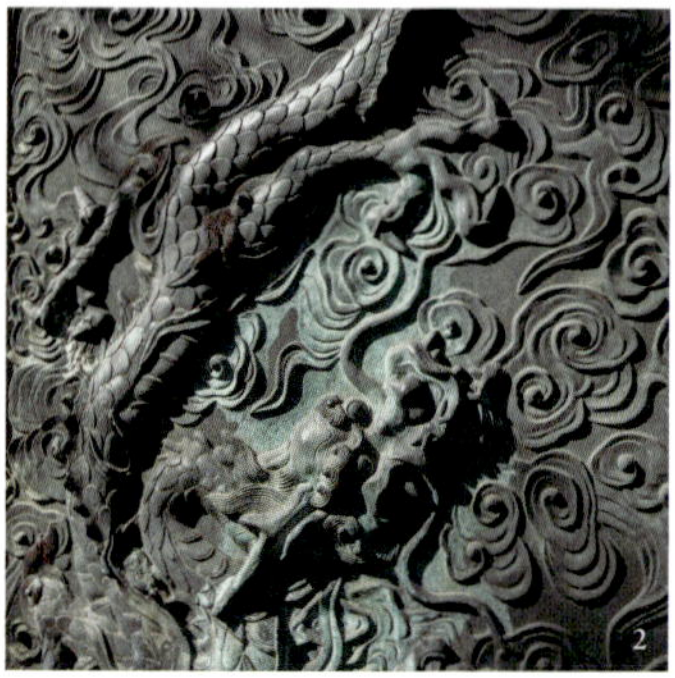

1. 大小５個の徳川家の家紋・葵紋を配した青銅製の扉。縁取るように昇り龍、下り龍を鋳抜いている。2. 旧国宝の徳川将軍家墓所、鋳抜門の彫刻。3. 水盤舎は３代家光の三男で６代家宣の父・綱重の御霊屋《おたまや》（霊をお祀りする霊廟）にあった。4. 川崎春彦氏の製作による、増上寺会館入口のステンドグラス。5.「台徳院殿霊廟模型」はイギリス王室に貸与されたもの。6. 鐘楼堂に釣るされた鐘は江戸三大名鐘のひとつ。7回の鋳造をもって完成した。7. 本堂外観。背後には東京タワーを臨む。

ゆっくりと見てまわりたい見所ばかりの境内

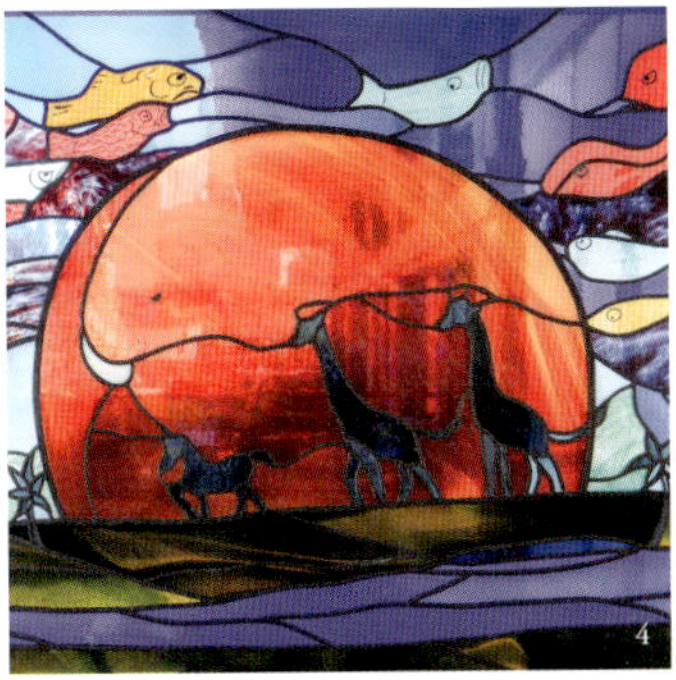

Information

所在地 ◆ 東京都港区芝公園4-7-35
03-3432-1431
本堂参拝時間 ◆ 6:00～17:30
アクセス ◆ 都営地下鉄三田線「御成門」駅
「芝公園」駅より徒歩3分

池上本門寺

法華経にちなんだ７万坪の大寺院

桜の名所として近隣住民から愛される池上本門寺《いけがみほんもんじ》は、日蓮聖人が１２８２年、61歳で亡くなった場所として知られています。病気療養のために常陸の湯に向かう途中、武蔵国池上（現在の東京都大田区池上）の領主・池上宗仲の館で亡くなったと伝えられています。その後、宗仲によって法華経の字数（６９３８４字）に合わせて約７万坪の敷地が寄進され寺院が建立されま

かつてあった大堂は戦災で焼失し、現在の大堂は 1964 年に鉄筋コンクリート造で再建された。

した。現在、大堂にお祀りされている日蓮聖人の像は、７回忌にあたる１２８８年につくられたもの。生前の日蓮聖人をよく知る人々につくられたことから、ありし日の姿を映した「生身の御尊像」と呼ばれています。

その後、法華経を信心していた加藤清正や徳川家などの諸侯の信仰を集めたことから大きく発展。表参道にある96段に及ぶ石段は、慶長（１５９６年〜１６１５年）年間に築城の名手として知られる加藤清正公が寄進したと伝えられています。また、幕末には、江戸城の「無血開城」に向けて西郷隆盛と勝海舟が奥庭にある松濤園《しょうとうえん》で会見した地としても、歴史上に名を残しています。浮世絵にも描かれている日蓮聖人の命日の法要「お会式」は、現在も毎年10月11〜13日にかけて行われる大きな行事です。特に12日の晩に繰り出される万灯練り行列には約30万人の参拝者が訪れるといいます。

5

2

6

3

4

1. 戦火を免れた貴重な総門は、歌川広重の「江戸土産」にも描かれた。寺には江戸時代の元禄年間に建立されたと伝わる。2. 加藤清正が寄進した此《し》経《きょう》難《なん》持《じ》坂《ざか》。1606 年、母の七回忌に追善供養として祖師堂を寄進したほか、寺域の整備を行い、この坂もその頃に築造されたと考えられている。3. 大堂（祖師堂）は、日蓮聖人の御尊像を奉安する。4. 大堂の側面にある唐戸。5. 仁王門（山門）は正式名称を「三解脱門」という。三種の解脱を求めるものが通る門とされ、お会式の万灯行列が通りやすいよう通常の山門より下層の桁と梁が高くつくられている。6. 仁王門の左右に安置された木彫りの仁王像。7. 関東最古の五重塔で、国指定の文化財。8. 江戸時代の建築手法が確立する前につくられた塔で、桃山時代の特色が色濃く残る稀有な建造物だといわれる。

8

桃山時代の
面影が残る
関東最古の五重塔

緑のなか
突如現れる
美しい多宝塔

4

6

5

7

1. 多宝塔の屋根は宝形造。鮮やかな色彩が特徴。2. 内部に空間のある木造の宝塔は全国的にも少ないとされ、2010 年に国の重要文化財に指定された。3. 池上本門寺のなかでも重要な聖域とされる多宝塔。日蓮聖人が亡くなった際に荼毘に付された場所。1828 年の宗祖の 550 回遠忌に上棟した。4. 空襲の際にも炎上を免れた貴重な経蔵。1784 年に再々建したものとする記録が残っている。5. 江戸時代中期の大型の経蔵で、堂内の輪蔵には江戸城築城に携わった天海が発願して刊行された「天海版一切経」が収蔵されていた 6. 江戸時代の名高い作庭家・小堀遠州が手がけた松濤園。自然の窪地を元につくられた。7. 鐘楼脇に安置された旧梵鐘。1714 年に紀州の鋳物師・木村将監藤原安成が改鋳したものと伝わる。

Information

所在地	◆	東京都大田区池上1-1-1 03-3752-2331
本堂参拝時間	◆	大堂は10:00〜15:00
アクセス	◆	東急池上線「池上」駅より徒歩10分、 または都営浅草線「西馬込」より徒歩12分

豊川稲荷東京別院

たくさんの霊狐が並ぶ様子は圧巻

赤坂にある豊川稲荷東京別院《とよかわいなりとうきょうべついん》は、ダ根尼天《だきにてん》を御本尊とする曹洞宗・豊川《とよかわ》閣妙厳寺《かくみょうごんじ》（愛知県）の東京別院です。もとは時代劇でも有名な大岡越前守《おおおかえちぜんのかみ》忠相公《ただすけこう》が、豊川ダ枳尼眞天《とよかわだきにしんてん》を深く信仰。祠を建て邸宅に豊川稲荷社をお祀りし、江戸の町の人々も参拝できるよう定期的に開放していました。１８８７年になって現在地に移され、本殿が建立されました。そんな背景から、本殿

三柱の神様をお祀りする三神殿に続く参道に並ぶ霊狐。

の左手には位牌を安置する大岡廟があり誰でもお参りすることができます。

境内は都心の真ん中にある寺院とは思えないほど、都会の喧騒から一線を画した静謐な空間が広がっています。福をもたらす７人の神様・七福神が安置され、七福神巡りができるほか子宝、厄除けなどの神仏も祀られておりさまざまな功徳を願う人が参拝にやってきます。

商売繁盛、開運招福にご利益があるといわれ、近くにテレビ局があることなどから数多くの芸能人が信仰してきました。２月３日の節分会には毎年芸能人が、その年の厄除けと開運を祈願し豆まきに訪れます。

1

3

2

都会の喧騒から逃れほっと一息できる

7

8

4

5

6

1. 山門は 1964 年の東京オリンピック開催に伴い、道路拡張工事のため現在地に移築された。2. 銅板は柱木を腐食から守るため施され、装飾性も豊か。逆ハート型のような彫り物は猪目《いのめ》型と呼ばれ魔除けの意味合いも。3. 本殿へと昇る階段（段木）の銅板装飾。4. 山門の扉に彫られた豊川稲荷の寺紋（二つ穂変わり抱き稲紋）。5. 神社建築の要素が強いのが特徴。6. 崇敬者から献灯された常夜灯は日没から 20 時まで毎日点灯される。7. 手水舎の龍蛇口は双龍が剣に巻き付いた珍しい意匠。8. 本殿にはめこまれた菱格子の欄間。二重に交差した線は結界の意味があるとか。

Information

所在地 ◆	東京都港区元赤坂1-4-7 03-3408-3414（電話受付:8:30～16:00）
本堂参拝時間 ◆	6:00～20:00
アクセス ◆	東京メトロ銀座線ほか 「赤坂見附」駅より徒歩5分

堀之内
妙法寺

文化財が満載のやくよけ寺院

江戸時代より〝除厄《やくよ》けのおそっさま〟として親しまれている日蓮宗の寺院・堀《ほり》之《の》内《うち》妙《みょう》法《ほう》寺《じ》。１６１５〜１６２３の頃に真言宗の尼寺でしたが、老いた母の菩提のために覚仙院日逕上人が日蓮宗に改宗、寺号も妙法寺と改めました。１６９９年に身延山《みのぶさん》久遠寺《くおんじ》の末寺となります。この時に法華寺から迎えた日蓮大聖人の像が、あらゆる災難除けに霊験があらたかだとして人々の信

天井は金箔が用いられ、豪華絢爛。

仰を集めるようになったのです。この像は日蓮大聖人が鎌倉の由比ヶ浜で流罪になった折のこと、身を案じた弟子の日朗上人が浜で日夜祈念を続けます。ある夜、流れて来た光る霊木に聖人の姿を彫刻し、それからはその像に無事を祈り続けたところ、3年経って聖人が戻ってきました。このことを聞いた聖人は喜び、彫った像に自ら開眼して魂を込めたといいます。ちょうど聖人が数え年42歳だったために、像が「除厄け日蓮大菩薩」と呼ばれるようになったとか。この信仰は現在も続き、災いがあっても、大きな災難を小さくしてくれると全国から厄年の厄祓いなど多くの参拝者がお詣りにやってきます。

境内には除厄け祖師像が奉安されている「祖師堂」をはじめ、東京都の有形文化財に指定されている建造物も多くあります。巨大絵馬が並ぶ「額堂」など、見どころが満載です。

1

3

2

数多の参拝者の厄を祓い続ける

1. 除厄け祖師像を安置する祖師堂の内部。（通常は本堂内部の撮影不可） 2. 御本尊・除厄け祖師像を納めた厨子。3. 彫刻師、初代・波の伊八（武志伊八郎信由）の手による迦《か》陵《りょう》頻《びん》伽《が》。頭は人、体は鳥の姿をしており、美しい声で法を説く。4. 江戸時代、祖師堂に入れないほど参詣者が増えたためお堂の裏からも参拝できるように安置された裏祖師。5. 堂内の奥に安置された、西方を守護し災難から守る廣目天王。6. 祖師堂の外陣。海老虹梁が連続し、重厚な雰囲気を作っている。7. 同じく南方を守護し病を治す増長天王。

近代建築の巨匠が手がけた異色の門

1

2

3

4

5

6

7

1. 浄行様の体を清水で洗って祈願すると病気平癒、家内繁栄のご利益があるといわれているほか、自分の体の悪いところと同じ場所をタワシでこすると良くなるという。2.1725 年に鋳造されたと伝わる鐘を吊る鐘楼。3. 子育観音。4. 月を神格化した二十三夜様を祀る二十三夜堂。毎月 23 日にだけお堂の扉が開かれる。5. 各種祈願が行われる祖師堂の外観。 6. 三軌堂とも呼ばれる本堂は 1819 年に建立されたもの。7. 鹿鳴館を設計したことで知られるイギリス人建築家である、ジョサイア・コンドルによる鉄門。8. 和洋折衷の珍しい建造物で国の重要文化財に指定されている。

Information

所在地	◆	東京都東京都杉並区堀ノ内3-48-8 03-3313-6241
本堂参拝時間	◆	9月23日〜3月19日　6:00〜16:30 3月20日〜9月22日　5:30〜17:00
アクセス	◆	東京メトロ丸ノ内線「東高円寺」駅より徒歩15分

8

江戸の遺構に眠る
徳川家の宝物

妙定院

芝公園の一角にある浄土宗の寺院、妙定院《みょうじょういん》。１７６３年、徳川第９代将軍・家重の大導師をつとめた増上寺第46世・定月上人《じょうげつしょうにん》が家重の菩提を弔うために創建しました。増上寺の別院として位置づけられたほか、仏典研究の中心的存在として発展。僧侶達が学ぶ「准檀林《じゅんだんりん》」は念仏道場としてだけでなく学問研究の名刹として知られてきました。御本尊は安阿弥（快慶）の作と伝わる「裳《も》かけ阿弥陀如来像」をお祀りしています。また法然上人が自ら彫り、平家物語で知られる武将・熊谷直《くまがいなお》実《ざね》の念持仏とされる「法然上人像」が祀られていることから、１７７４年に「円光《えんこう》大師（法然上人）東都二十五霊場」の第一番と定められました。

幕府からの帰依が厚く、多くの宝物が寄進されました。保有する寺宝には「法然上人伝《でん》絵詞《えことば》」など、文化財に指定されているものも多くあります。１７９６年に妙定院の鎮守として建立された土蔵造りの熊野堂、１８１１年に建立された妙定院の収蔵品を守り続けてきた浄土蔵の２つの建造物は、創建当時の建造物として国の登録有形文化財に指定されています。毎年11月に行われる「東京文化財ウィーク」には、寺の宝物を公開する「妙定院展」を開催し、大勢の参拝者が江戸の遺構と貴重な文化財を一目見ようと訪れます。

1

1.1796 年に建立された熊野堂（写真右）は、妙定院の鎮守として、熊野三社大権現を祀った。2. 浄土蔵に安置される「三十三番観音像」。5 代将軍・綱吉の長女、鶴姫が彫ったと伝わる。

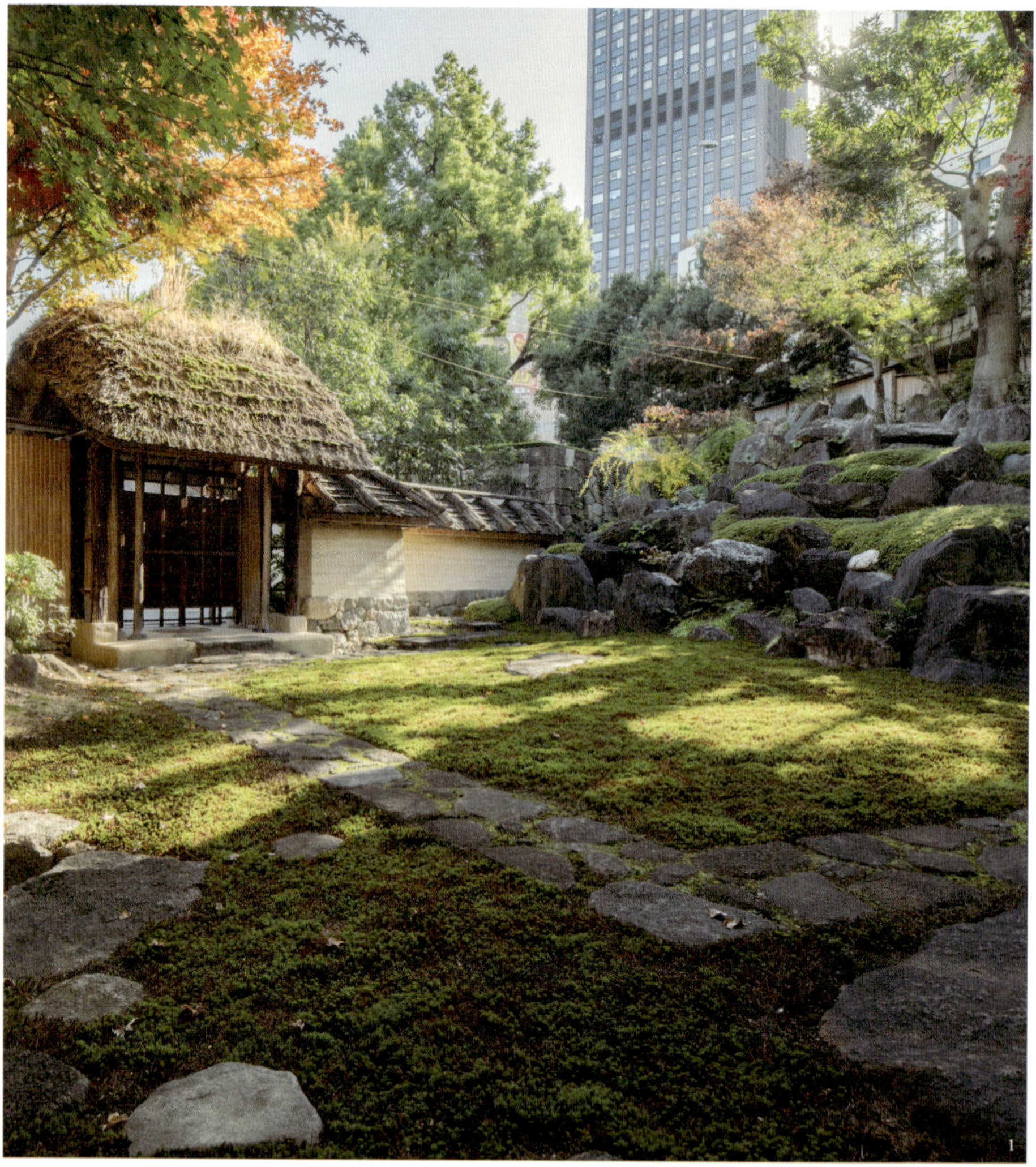

1.「阿弥陀二十五菩薩来迎図」の様相を表現した庭園「月影園」。外国の使節団をもてなす園遊会も開かれた。2.2007 年に再建された木造の本堂。3.1811 年に建立された浄土蔵。防火のために白漆喰が塗られている。4. 浄土蔵には「三十三番観音像」など宝物が安置される。第二次世界大戦の戦火から寺宝を守った。5. かつて家重の霊廟前に奉納されていた石灯籠。「徳川葵」の家紋がはいる。6. 本堂に安置される鎌倉時代前期につくられた快慶作と伝わる御本尊「阿弥陀如来三尊像」。なかでも裳かけ阿弥陀如来は稀少な仏像だ。7. 本堂内に安置された家重の白木でできた位牌、家重公御中陰の尊牌。

土蔵や寺宝が江戸の記憶を伝える

3

4

5

6

7

information

所在地 ◆ 東京都港区芝公園4-9-8
03-5777-2111

参拝時間 ◆ 内部非公開(年1回一部公開。詳細はホームページにて確認のこと)。開門は9:00〜17:00

アクセス ◆ 都営大江戸線「赤羽橋」駅から徒歩1分、または都営三田線「芝公園」駅から徒歩4分

目黒不動尊 瀧泉寺

日本三大不動の名刹

目黒不動尊の正式な名称は「泰叡山《たいえいざん》瀧泉寺《りゆうせんじ》」といい、天台宗の寺院です。８０８年、慈覚《じかく》大師・円仁《えんにん》の創建と伝えられ、関東最古の不動霊場として、熊本の木原不動尊、千葉の成田不動尊と並んで日本三大不動のひとつに数えられます。大本堂に安置される御本尊・不動明王像は、慈覚大師が自ら彫刻したもので、秘仏として、12年に１度、酉年に御開帳されています。

神仏習合の寺院だった目黒不動尊。2017年の酉年本尊御開扉記念として山王鳥居が建てられた。

江戸時代になると3代将軍・家光から手厚い保護を受けました。江戸の街を守るために五色の不動（目黒・目白・目赤・目黄・目青）を江戸市中に置きましたが、そのひとつとして江戸城守護、江戸城五方の方難除け、五街道の守護をする寺院に当てられました。江戸中期に不動信仰が盛んになったことから、目黒不動尊は江戸随一の名所となったのです。しかし、当時の建物の多くが戦災で焼失。現在の本堂は1981年に再建されました。朱色が鮮やかな前不動堂は江戸時代中期に建てられたもので、現在は東京都の有形文化財に指定されています。

　また、「山手七福神」の恵比寿様も祀られていますが、この山手七福神は江戸で初めて誕生した七福神だと伝えられています。江戸時代後期、さつまいもの栽培を広めた蘭学者・青木昆陽《こんよう》がここに眠ることから、毎年10月28日には「甘藷《かんしょ》祭り」が行われます。

滝泉寺前不動堂

4

5

6

目黒の森のなか
静かに鎮座する

1. 目黒区の指定有形文化財になっている銅造大日如来坐像は 1683 年に鋳造されたもの。2.「目黒御殿」と呼ばれるほど壮麗な伽藍をもっていた目黒不動尊。現在の本堂はコンクリート造で再建された。3. 戦火を逃れた前不動は江戸中期の仏教建築を伺い知ることができる貴重なもの。4. 独鈷の滝と水掛不動明王。開山以来、1200 年以上も枯れることなく霊水・龍御神水が湧き出ている。5. 都内最古といわれている狛犬。1654 年の銘が刻まれている。6. 家光が崇敬するきっかけとなった「鷹居《たかすえ》の松」。鷹狩りで行方不明になった鷹がみつかるように祈願すると、鷹がこの松に飛び帰ってきたとか。

Information

所在地	◆	東京都目黒区下目黒3-20-26 03-3712-7549
本堂参拝時間	◆	9:00〜17:00
アクセス	◆	東急目黒線「不動前」駅より徒歩12分、 またはJR「目黒」駅より徒歩20分

亮朝院

金剛力士が見守る七面大明神

日蓮宗の亮朝院《りょうちょういん》は、１６４７年に日暉上人が牛込和田富山荒井山五明村に七面大明神を祀ったことが起源とされます。古くから地元では「高田の七面堂」や、赤く塗られた山門が特徴的なことから「赤門さん」と呼ばれて親しまれているのだとか。１６５５年には、４代将軍・徳川家綱から将軍家の祈祷所とされます。１６７１年、境内が尾張家の下屋敷となったことをきっかけ

七面大明神堂（七面堂）の外観。左右には1705年に制作された23区内で唯一の石造の金剛力士像を配している。

に、現在の西早稲田に移転。法華経を守護する女神・七面大明神が祀られた七面堂は東京23区では珍しい、創建当初の江戸時代に創られたもの。七面堂を護るようにして立つ一対の金剛力士像は、１７５２年の作といわれています。寛政年間に描かれた江戸地誌「江戸名所図会」で、亮朝院は「高田七面堂」の名称で大規模な寺院として掲載。現在と同じ配置で建物が並ぶ様子が描かれています。開創から３５０年以上経つ今も震災や戦災を免れた貴重な仏像や古文書類、江戸時代の木造建築がそのまま残り、当時の様子を窺うことができます。

また、寺の北側にある面影橋のあたりは、江戸城の築城に携わった太田道灌が鷹狩で雨に合い、蓑を借りようと立ち寄った民家で少女から山吹の花を差し出された逸話「山吹の里」の舞台ともいわれています。

内部を照らす
金色の厨子

1

2

3

5

4

6

1.1852 年頃の制作とされる木造妙見菩薩立像。2. 内陣の中央の厨子に納められた七面大明神の像。3. 七面堂の内陣。4. 七面堂正面の龍の彫刻板。5.1850 年に建造された本堂は、2015 年に区の有形文化財に指定された。6. 脇壇のとなりには、他にも様々な像が納められている。7. 厨子に納められた日朝上人像。8. 袴腰鐘楼門。中に納められた梵鐘は通常非公開だが、1702 年に鋳造された貴重なもの。

7

8

Information

所在地	◆	東京都新宿区西早稲田3丁目16-24 03-3203-3669
境内参拝時間	◆	8:00～16:00（お堂内部は非公開）
アクセス	◆	都電荒川線「面影橋」駅より徒歩2分

圓融寺

都内最古の木造建築を有する

圓融寺《えんゆうじ》は平安時代の８５３年、慈覚《じかく》大師によって創建されたと伝えられている天台宗の寺院です。創建された当時は「法服寺」と名付けられていましたが、１２８３年に、日源上人《にちげんしょうにん》によって日蓮宗に改宗。寺号も法華寺と改められました。それから江戸時代中期までの約４００年間は、日蓮宗の寺院としての時代が続きます。十世・日瑞《にちずい》上人の時代に大いに栄えたといい、坊舎

室町初期の建立とされる入母屋造りの釈迦堂。1911 年には国宝に、1950 年には国の重要文化財に指定された。

18を備え、末寺は75にも及んだほか、寺の門前には参詣者に向けた露店がたくさん軒を連ねて、賑わったと伝えられています。しかし、１６９８年に幕府によって法華寺は取り潰しにあってしまいます。その後、再び天台宗に改宗され、はじめは東叡山寛永寺《とうえいざんかんえいじ》（94頁）の末寺に、のちには比叡山延暦寺《ひえいざんえんりゃくじ》（滋賀県大津市）の末寺に属しました。やがて１８３４年には「圓融寺」と名が改められて現在に至ります。

平安時代から１１００年以上も続く長い寺の歴史のなかで建築物や宝物は大切に受け継がれてきました。室町時代に建てられたとされる釈迦堂は東京都区内最古の木造建築として国の重要文化財に、また１５５９年に作られた黒漆塗りの仁王像は、都の有形文化財に指定されています。

境内では、写経や座禅会などの催事も多く開催し、地元住民の心の拠り所として親しまれています。

1

2

3

緑あふれる
住宅街に
ひっそりと佇む

1. 江戸時代に建造された山門は、品川にあった邸宅から移築されたもの。2. 木造金剛力士像が安置される仁王門。建造年代は不明だが、仁王像がつくられた足利時代の1559年と同時期ではないかと考えられている。3. 仁王門の天井付近には、金剛力士像の奉納額が。4. 梵鐘は1643年に鋳造され、国の重要美術品に指定されている。鐘楼は平成元年記念事業で再建されたもの。5. 境内にはお地蔵さまも。6. 東京都最古の木造建築・釈迦堂の正面。7. 釈迦堂に安置される釈迦三木造。江戸中期につくられたとされている。8. 御本尊の阿弥陀如来をお祀りする阿弥陀堂。1975年に平安朝阿弥陀堂様式で建立された。

Information

所在地 ◆ 東京都目黒区碑文谷1-22-22
03-3712-2098
参拝時間 ◆ お堂内部は非公開。境内は自由に散策できる
アクセス ◆ 東急目黒線「西小山」駅より徒歩15分
またはJR「目黒」駅から東急バスに乗車、
「碑文谷二丁目」で下車後、徒歩3分

照明

コラム1

column 1
illumination

1

2

3

4

5

6

7

8

9

10

1.萬松山 泉岳寺2.目黒不動尊 瀧泉寺3.浅草寺4.経栄山 題経寺(柴又帝釈天)5.深大寺6.西新井大師7.弘福寺8.豊川稲荷東京別院9.護国寺10.築地本願寺

第2章

TOKYO EAST AREA

東エリア

諸宗山 回向院

無縁宗として 生あるすべての ものに寄り添う

古き良き下町風情が残る墨田区にある回向院《えこういん》は、正式名称を諸宗山《しょしゅうざん》無縁《むえん》寺《じ》といい1657年に開かれた浄土宗のお寺です。同年1月に江戸の大半を焼き、10万人以上もの命を失った大火災「明暦の大火」で亡くなった人を供養するため、将軍・家綱の命によって建立されました。その後も江戸市中の無縁仏を弔う寺院として被災者や遊女、刑死者などを埋葬。義賊として語られる江戸後期の盗賊・鼠小僧次郎吉の墓もここにあります。回向院は開創後、観世音菩薩や弁財天などを祀り江戸の人々の崇敬を集めます。大勢の参拝者を目当てに、お寺がある両国橋の周辺に商店や見世物小屋が集まって賑わうようになっていったのです。

夏の風物詩として知られる隅田川の花火大会は、両国の川開きが起源です。江戸で流行した疫病で亡くなった人の供養と厄災除けを祈願し、川開きの初日に花火を打ち上げました。そして回向院を語る上で外せないのが大相撲のゆかりの地であること。1833年に回向院が勧進相撲の定場所に定められ、1909年、境内に旧両国国技館が完成するまで70年以上の長きにわたって相撲の開催場所となりました。

1. 本堂ロビーの壁画と天井画。美術館のような雰囲気。2. 天井画は下で拍手をすると音がする「鳴き龍」。

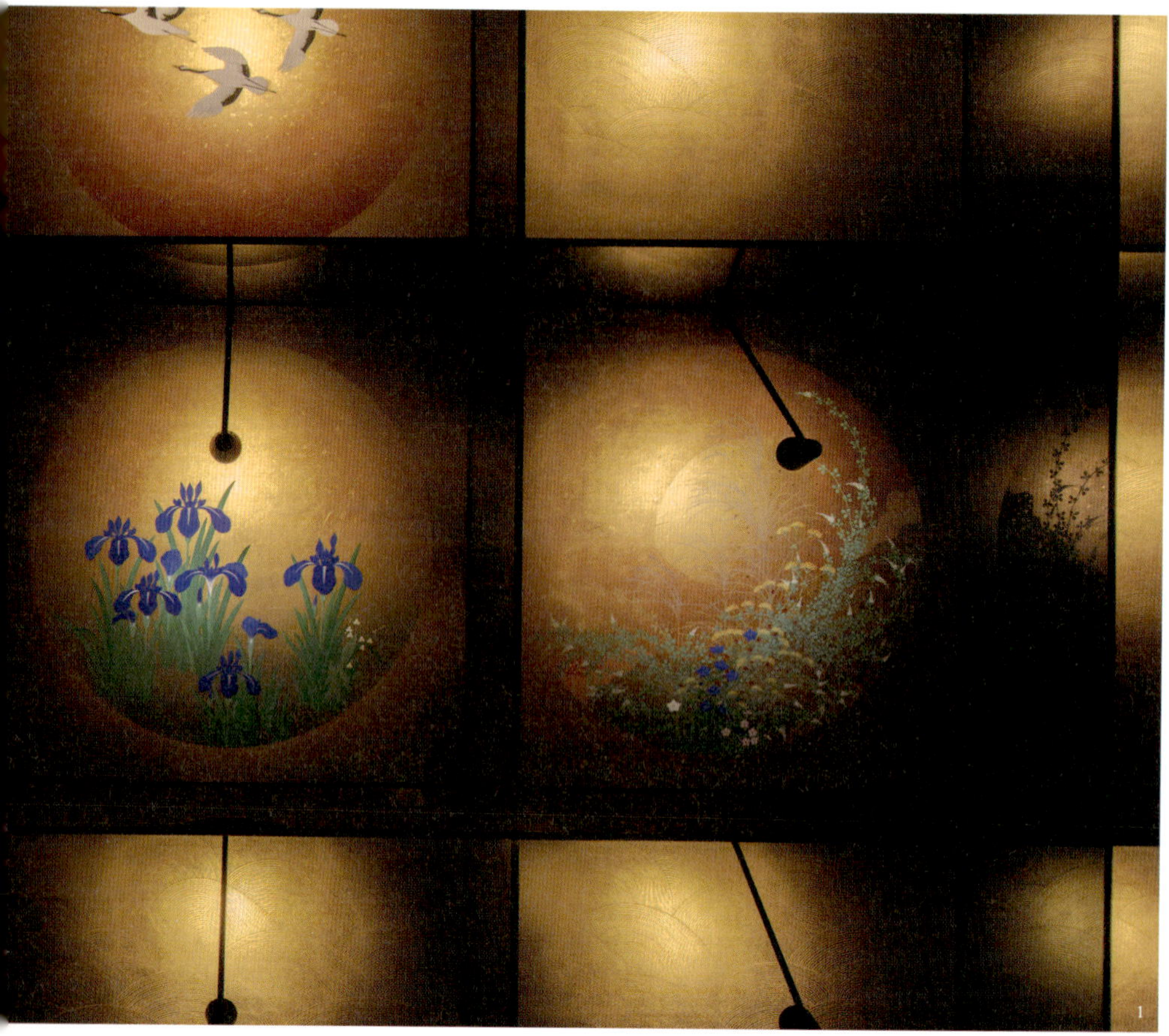

1

3

2

印象的なモチーフが随所に

Information

所在地 ✦	東京都墨田区2-8-10 03-3634-7776
本堂参拝時間 ✦	9:00～16:30
アクセス ✦	JR総武線「両国」駅より徒歩3分

1. 日本画家・石踊達哉による四季の輪廻を主題にした念仏堂の格天井画。2. 馬頭観音堂のステンドグラス。3. 念仏堂の内陣。規則正しく並んだ畳が個性的。4. 仏の風をイメージし万霊供養塚の上に聖観世音菩薩立像が安置された。5. 回向堂の飾り窓。6. 目を惹く特徴的な形の山門。

寛永寺 根本中堂

江戸城の鬼門を守る 徳川家の菩提寺

１６９８年に建立された寛永寺《かんえいじ》根本《こんぽん》中堂《ちゅうどう》は、もとは現在の上野公園内にある大噴水の位置に建てられていました。ところが、１８６８年、戊辰戦争時で彰義隊が戦った上野戦争の折に焼失してしまいます。現在の根本中堂は１８７９年、埼玉県にある川越喜多院《きたいん》の本地堂を、山内子院の大慈院《だいじいん》（現・寛永寺）の地に移築。寛永寺の本地堂の資材を合わせて使って再建されたも

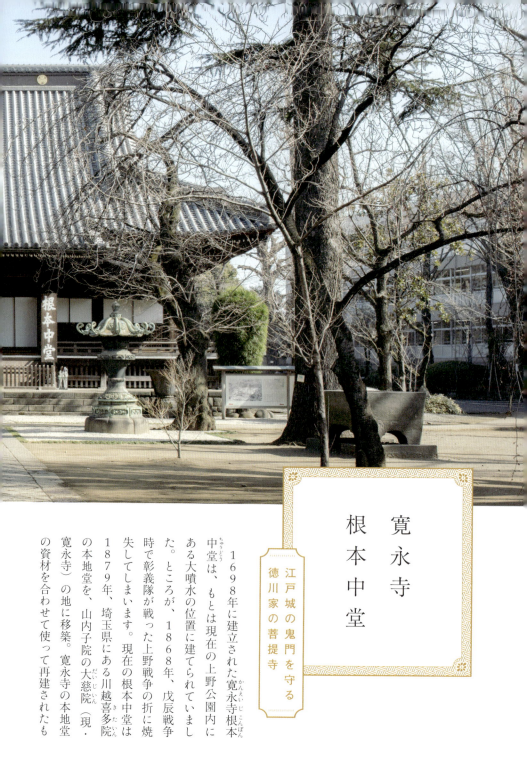

現在は上野公園の北西に位置する寛永寺根本中堂。

のです。御本尊には、最澄が自ら刻んだと伝えられている秘仏・薬師瑠璃光《やくしるりこう》如来《にょらい》が祀られていて、国の重要文化財にも指定されています。

上野の東叡山・寛永寺は、江戸城の鬼門（北東）にあたる上野の台地に徳川3代将軍・家光公によって造営されました。以来、徳川家にとって寛永寺は重要な祈祷所・菩提寺でした。周辺には根本中堂をはじめ清水観音堂《きよみずかんのんどう》（110頁）や、不忍池辯天堂《しのばずのいけべんてんどう》（124頁）など、多くのお堂や伽藍などが建立されました。地元住民からの信仰も厚く江戸時代後期に迎えた最盛期には36もの子院をもつ大寺院であり、日本随一の規模を誇りました。現在も寛永寺の御霊廟には6名の将軍が埋葬されています。根本中堂の裏には最後の将軍となった徳川慶喜が江戸城の無血開城までの期間を謹慎して過ごした「葵の間」があります。

1

2

将軍たちの栄華の残り香

Information

所在地	◆	東京都台東区上野桜木1-14-11 03-3821-4440
本堂参拝時間	◆	9:00〜17:00
アクセス	◆	JR山手線「鶯谷」駅より徒歩7分 （通常は内部の撮影不可）

1.1702年に仏師・新井進四郎が制作した十二神将。2.御本尊は国の重要文化財に指定されており、毎月12日が縁日になっている。3.外陣、古い材をのこす正面扉。4.堂内の荘厳具。5.デザインされた欄間部分の透かし格子。6.台東区の有形文化財に指定されている銅鐘。4代将軍・家綱の一周忌に奉献された。7.境内にある六地蔵。8.伊勢の長島藩主・増山雪斎が写生で使った虫たちを供養した虫塚。

弘福寺

黄檗宗特有のディテールを楽しむ

墨田区向島にある牛頭山弘福寺《ごずさんこうふくじ》は、１６７３年に鉄牛禅師によって創建された禅宗の一派・黄檗宗《おうばくしゅう》の寺院です。黄檗宗は徳川幕府が中国から隠元隆琦《いんげんりゅうき》禅師を招いて、京都・宇治で１６６１年に黄檗山萬福寺《まんぷくじ》を開創したことに始まります。当時の中国の様式を色濃く反映しているのが特徴で、弘福寺も山門や本堂をはじめ屋根や円窓など随所に中国風の意匠をみることができま

本堂の花頭窓。本堂は窓が多く、石床が光を反射して堂内を明るく見せる。

す。江戸時代後期に編纂されたガイドブック「江戸名所図会」では、当時の大伽藍が描かれていますが火災や関東大震災で焼失。現存する本堂は、1933年に再建されたものです。

七福神を祀る社寺を巡って朱印をいただく「隅田川七福神巡り」では、七福神のなかで唯一実在する布袋尊をお祀りしています。布袋尊は現在、お正月元旦から7日までご開帳され一般の参拝者も拝むことができます。このほか境内には「咳の爺婆尊《じじばばそん》」の石像が祀られています。この石像は風外禅師によって彫られたものですが、風外和尚の「風の外」の名にちなんで風邪除けのご利益があるとして信仰を集めてきました。爺像は口中の病、婆像は咳に効くといわれ、病気が治るといり豆と番茶をお供えして感謝する習慣があります。

1

2

3

4

5

建てられた当時のままの雰囲気が残る

6

1. 屋根の下の木組・斗《と》栱《きょう》。壁から出た桁との間の斗の数で出組、平三斗など名称が変わる。2. 本堂正面の左右にある丸窓は、黄檗様と呼ばれる黄檗宗独特の様式のひとつ。3. 本堂の木鼻（掛鼻）にあしらわれた象の彫刻。4. 黄檗宗の寺院で見られる桃《もも》戸《ど》。桃は中国で魔除けの果実で邪気払いに用いられる。5. 客殿の出入り口。洋館のような意匠が。6. 内陣の様子。右手には鐵牛禅師の木像がみえる。7. 山門は黄檗宗特有の唐風結構。

7

Information

所在地	◆	東京都墨田区向島5-3-2 03-3622-4889
本堂参拝時間	◆	9:00～17:00
アクセス	◆	東京メトロ半蔵門線ほか「押上」駅より徒歩15分

経栄山 題経寺（柴又帝釈天）

地域のアイコンとして 多くの人に愛される

映画「男はつらいよ」シリーズの舞台としてもおなじみの葛飾・柴又《しばまた》帝釈天《たいしゃくてん》。日蓮宗経栄山題経寺《きょうえいざんだいきょうじ》として、1629年に開基されました。御本尊は日蓮聖人が自ら彫ったといわれる板本尊でしたが、江戸中期頃には所在不明となってしまいました。時代を経て本堂は荒廃し、これを嘆いた第9代・亨貞院日敬《こうていいんにちきょう》上人が復興に乗り出します。1779年、改修中の梁上で御本

瑞龍の松と帝釈堂。名人とうたわれた坂田留吉棟梁が手がけた総欅造りの建造物。

尊を発見。その日が庚申《かのえさる》だったことから「庚申の日」は良縁日とされるようになったと伝えられています。また、1783年には飢饉や疫病が蔓延します。その際に日敬上人が「人々を救いたい」という一心で、この御本尊を背負って江戸市中をはじめ下総国などを巡行。病に苦しむ人々に妙符「一粒《いちりゅう》符《ふ》」を境内に湧く霊泉「御神水」とともに飲ませたところ、病が快癒したと伝えられています。こうしたことから江戸を中心に帝釈天信仰が高まり、さらに江戸時代に流行した「庚申待ち」と結びついて、参詣が盛んになりました。60日ごとに訪れる庚申日には、帝釈天板本尊が常開帳され、参拝者は自由に帝釈堂で御本尊のお参りをすることができます。「一粒符」は飲む御守として今も授与されています。

1

3

2

歴史と風格を感じる美しさ

1.1965年に完成した池泉式庭園「邃渓園《すいけいえん》」。庭師・永井楽山が作庭した。2. 邃渓園に巡らせた回廊。3. 邃渓園の東屋の欄間と、どことなくレトロなランプ。4. 帝釈堂にある彫刻ギャラリー（有料）は必見の価値あり。5.1982年に建てられた南大門の透かし彫り。6. お堂の周囲を法華経の説話を題材にした彫刻がぐるりと取り囲む。

Information

所在地 ◆ 東京都葛飾区柴又7-10-3
アクセス ◆ 京成線「柴又」駅より徒歩3分

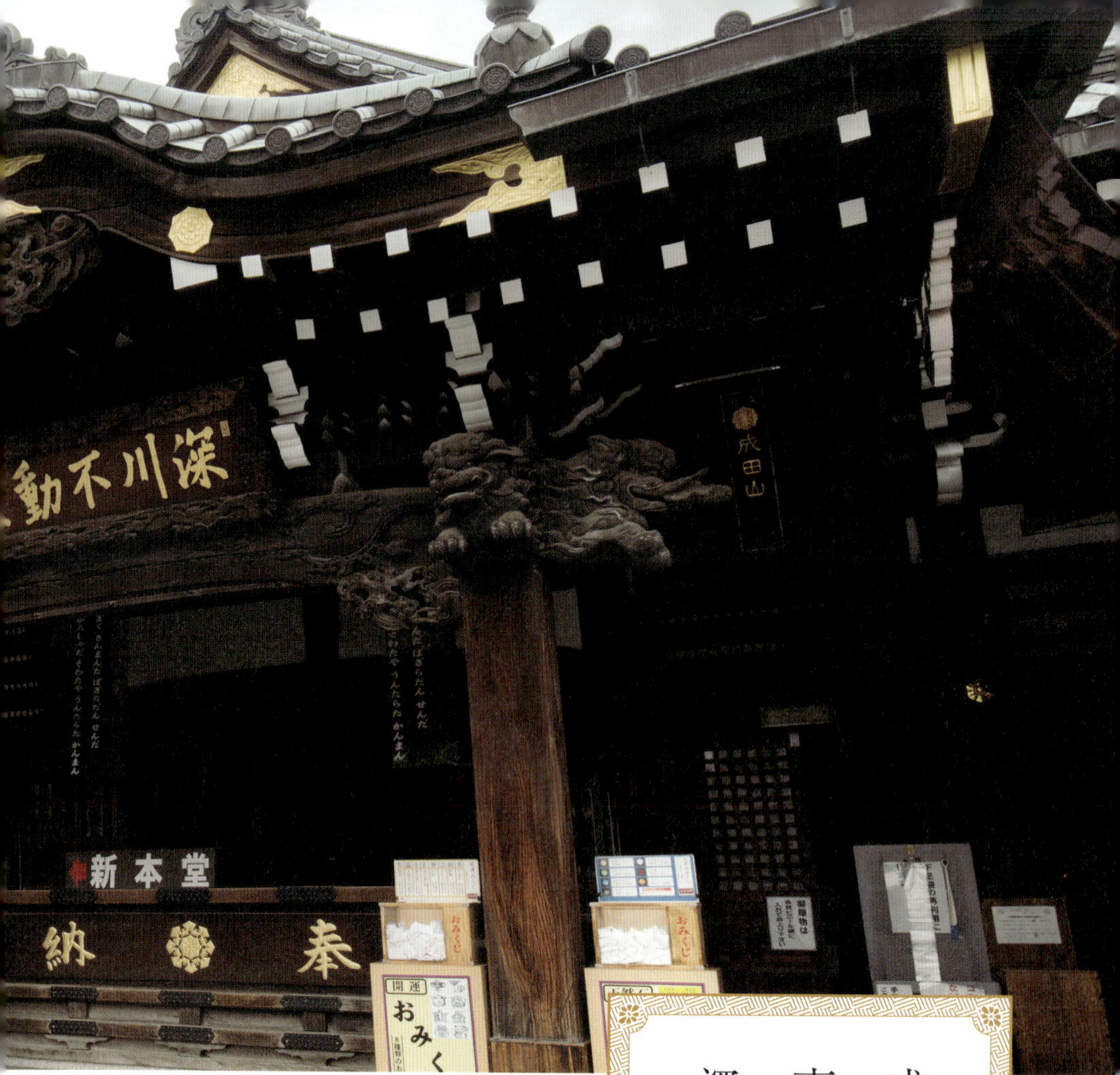

成田山 東京別院 深川不動尊

昔から愛される深川のお不動様

古くから地元の人々に「深川のお不動様」として親しまれている深川不動《ふかがわふどう》尊《そん》。正式な名称は成田山東京別院《なりたさんとうきょうべついん》深《ふか》川《がわ》不動堂《ふどうどう》といいます。開創は江戸時代にあたる1703年、成田山の御本尊を江戸に奉持して、特別拝観したのが始まりとされています。本山である成田山新勝寺《しんしょうじ》の歴史は、御本尊の不動明王像は平安時代初期に、嵯峨天皇の勅願により弘法大師自らが敬刻開眼さ

2011 年まで使用された旧本堂。千葉県にあった龍腹寺・地蔵堂を昭和 26 年に移築したもので、都内最古の木造建築といわれる。

れたと伝えられる古刹です。庶民の間で成田山への信仰が集まるようになったのは、江戸時代の中期頃。江戸の商人達が盛んに成田詣をするようになったほか、子供に恵まれなかった歌舞伎俳優・初代市川團十郎が成田山の不動明王に祈願し、２代目團十郎を授かってからというもの、市川家では成田山を信仰するようになりました。以来、屋号も「成田屋」と称するようになったのだとか。

　このように成田山の不動信仰が江戸庶民の間でも人気が高まり、深川不動堂がつくられました。しかし、関東大震災や第２次世界大戦の折に堂宇は失いましたが僧侶たちの努力によって、御本尊は焼失を免れたといいます。現在、御本尊や四大明王などは、開創３１０年記念事業として２０１２年に新しく建立された本堂に遷座されています。

新旧のバランスが不思議な雰囲気を演出

1. 本堂内陣の様子。迫力満点の天井飾りが特徴的。2. 旧本堂の天井の吊り灯籠。3. 日本画家・中島千波画伯による日本最大級の格天井画「大日如来蓮池図」。4. 旧本堂に祀られている「おねがい不動尊」。熊本県天草の樹齢 500 年を超える楠木を使用している。5. 龍神は農耕儀礼との結びつきが深く、水を司る神として古来より崇められてきた。6. 植物の彫刻が珍しい海老虹梁と木鼻。

Information

所在地 ◆ 東京都江東区富岡1-17-13
03-3641-8288

本堂参拝時間 ◆ 8:00～18:00

アクセス ◆ 東京メトロ東西線ほか「門前仲町」駅より徒歩2分

清水観音堂

戊辰戦争の地に立つ
清水寺の〝映し〟

清水観音堂《きよみずかんのんどう》は１６３１年、天台宗の僧侶・天海大僧正によって建立された寺院です。比叡山延暦寺《ひえいざんえんりゃくじ》が京都御所の鬼門を守護するとされていることに倣って、江戸城を守るため上野の山に東叡山寛永寺《とうえいざんかんえいじ》が開かれました。そこで天海大僧正《てんかいだいそうじょう》は、京都の清水寺《きよみずでら》に見立てて、同じ舞台づくりで清水観音堂を建てました。初めは上野公園内の「擂鉢山」に建てられましたが、１６９４

崖下から望む清水観音堂の外観。

年9月に現在地に移築されて現在に至ります。上野の山に現存する建造物の中では、創建年時が明確な最古のもので、国の重要文化財にも指定されています。

御本尊として安置されているのは、千手観世音菩薩。京都・清水寺の義乗院春海上人から奉納されたもので、平安時代の比叡山の高僧・恵心僧都の作だと伝えられています。また、右に祀られる脇尊の仏さまは「子授け・安産・子育ての観音さま」として江戸時代から多くの人々から信仰を集めてきました。

江戸時代、境内に「月の松」と呼ばれる松がありました。清水観音堂の名物として参詣者から人気を集め、歌川広重の「名所江戸百景」にも描かれています。また、本堂裏手にあるシダレザクラの木は古くから「秋色桜《しゅうしきざくら》」の名で知られ、現在まで9代に渡って接がれ保護されています。

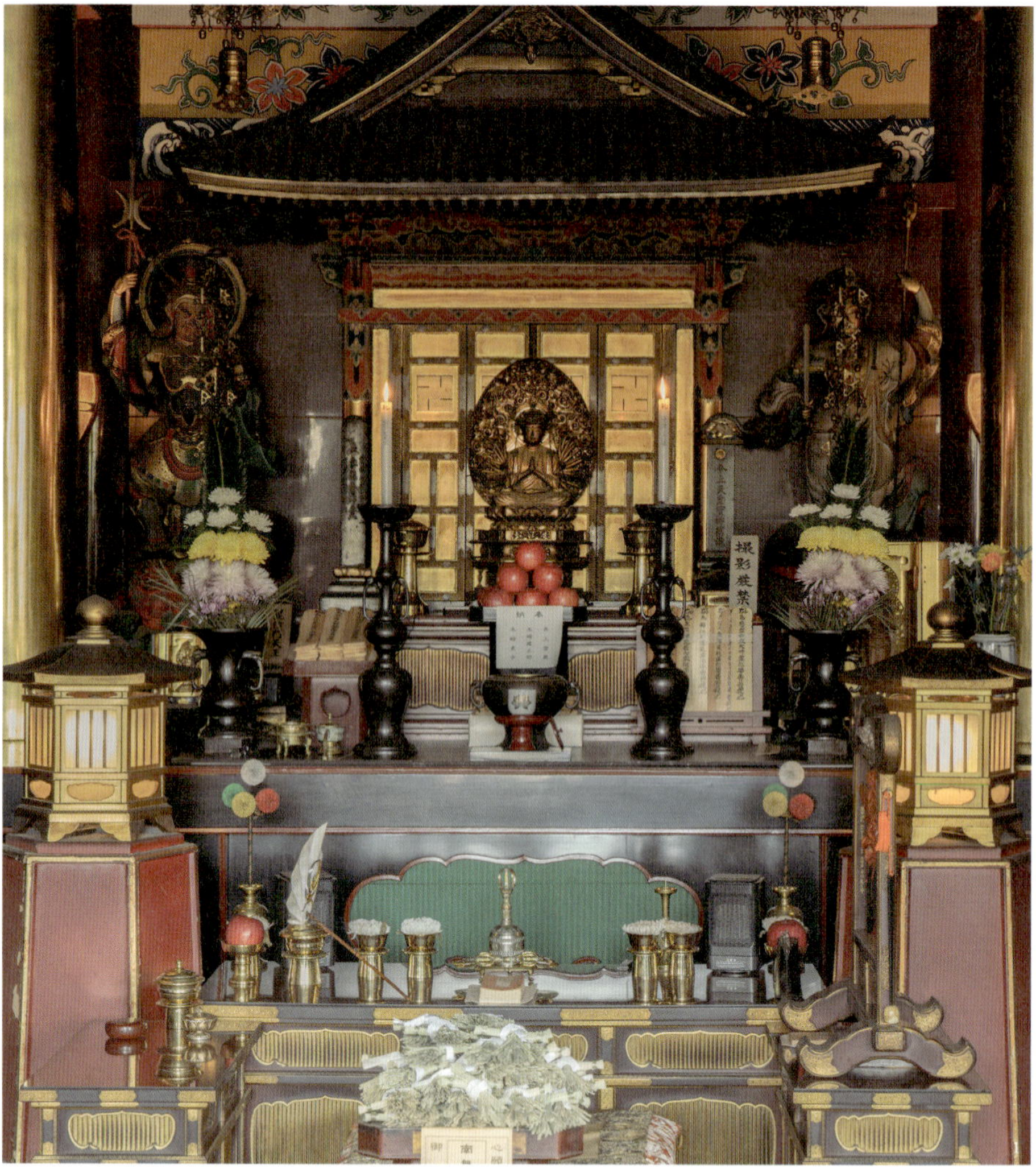

3

2

広重の浮世絵の舞台にもなった月の松

1. 御本尊で秘仏の千手観音菩薩像。40本ある光背の小さな手は、生きとし生けるものすべてに慈悲の手をさしのべる姿を表す。2,3. 御本尊の右手には色鮮やかな二十八武衆の木像が安置され、御本尊を護っている。4. 観音堂の内部からみた舞台。木々の奥に不忍池を望む。5. 近年復元された「月の松」。輪の部分からは弁天堂を見ることができる。6. 外陣に嵌め込まれた特徴的な蔀《しとみ》戸《ど》。上に跳ね上げ、開閉する。7. 観音堂外観。側面にも蔀度が設けられている 8. 堂内に掛けられた戊辰戦争の様子を描いた絵馬。一帯は戊辰戦争の舞台となり、多くの建造物が戦火により焼失した。絵馬の隣に並べられた砲弾は、戊辰戦争で使用された佐賀藩のアームストロング砲のものと考えられている。

Information

所在地 ◆ 東京都台東区上野公園1-29
03-3821-4749
本堂参拝時間 ◆ 9:00〜17:00
アクセス ◆ JR山手線「上野」駅より徒歩6分
（通常は内部の撮影不可）

西新井大師

地元の人の憩いの場としても愛される

関東の三大厄除け大師として信仰される西新井大師《にしあらいだいし》は、正式名称を五智山《ごちさん》遍照院總持寺《へんじょういんそうじじ》といいます。真言宗豊山派の寺院で、８２６年に創建されたと伝えられる古刹です。弘法大師が関東諸国で修行をしていた際に、辺りで疫病が流行していました。苦しむ人々を救うため、十一面観世音菩薩像と自身の像を彫って観音像を御本尊に、自身の像は枯井戸に安置して二十一日間

五色幕《ごしきまく》は仏の智慧を5つ（五智）の色で表している。

の護摩祈祷を行いました。すると枯井戸からは水が湧き出して、疫病が治まったという伝説があります。このときの井戸が本堂の西側にあったことから、西新井という地名が誕生したと伝えられています。厄除け祈願の霊場として栄え、江戸時代には女性の厄除け祈願所に定められました。今では関東一円から厄除けだけでなく、諸事祈願に訪れる人が跡を絶ちません。お正月の初詣をはじめ、だるまをお焚き上げする「だるま供養」、弘法大師の誕生を祝う「青葉祭り」、所蔵する寺宝を公開する「北斎会」など祭事も多く大勢の参拝者で賑わいます。

また、別名・花の寺とも呼ばれるほど西新井大師は牡丹の名所でもあります。境内には四季を通じて桜や菖蒲、藤など折々の花が楽しめます。

西新井の
地名とも
関わりが深い
歴史を持つ

1. 江戸時代の後期に建てられた山門には金剛力士像を安置。2. 孔雀の装飾を施した法楽太鼓。3. 本堂のふすまの大きさが特徴的。4. 写経会、団体参詣の控室に使われる書院の鬼飾りは雲水鰭つき。5. 十一面観世音菩薩像と弘法大師を祀る内陣。6. 三匝堂は東京唯一のさざえ堂（内部非公開）。

6

Information

所　在　地	◆	東京都足立区西新井1-15-1 03-3890-2345
本堂参拝時間	◆	8:00〜18:00
アクセス	◆	東武大師線「大師前」駅より徒歩5分

浅草寺

言わずと知れた日本随一の有名寺

日本を代表する観光名所としても有名な浅草寺《せんそうじ》の開創は、飛鳥時代にまで遡ります。宮戸川（現在の隅田川）で檜前浜成と竹成の兄弟が漁をしている最中、投網にかかった像を持ち帰りました。その後、この像が観世音菩薩像であることがわかり、土地の長である土師中知の家を寺に改めて祀ったのが始まりと伝えられています。室町時代から安土桃山時代にかけて、霊験あら

圧巻の山門・宝蔵門と五重塔。五重塔は高さ53.32 mで、京都にある東寺に次ぐ日本で２番目の高さを誇る。

たかな寺として知られ、さまざまな武将の崇敬を集めました。また、江戸時代には徳川氏からも篤い庇護を受けたといわれています。時代とともに拡大していく江戸において、浅草は参詣者で賑わい、行楽や歓楽などを目的とする人々が集まったことで浅草寺を中心に街は大きく発展しました。明治維新後は、盛り場の流れを継いだ6区には映画館が建てられ、屈指の歓楽街となります。１８９０年には浅草寺の西側に、日本初のエレベーターを備えた展望塔「凌雲閣」が誕生。広く注目を集めましたが、関東大震災によって倒壊してしまいます。

　開創より１４００年経ち、街並が変わろうとも大勢の人々の信仰を集めていることに変わりはありません。現在は年間で約３０００万人もの参拝者が国内外から訪れる、日本観光の一大拠点ともいえる存在です。

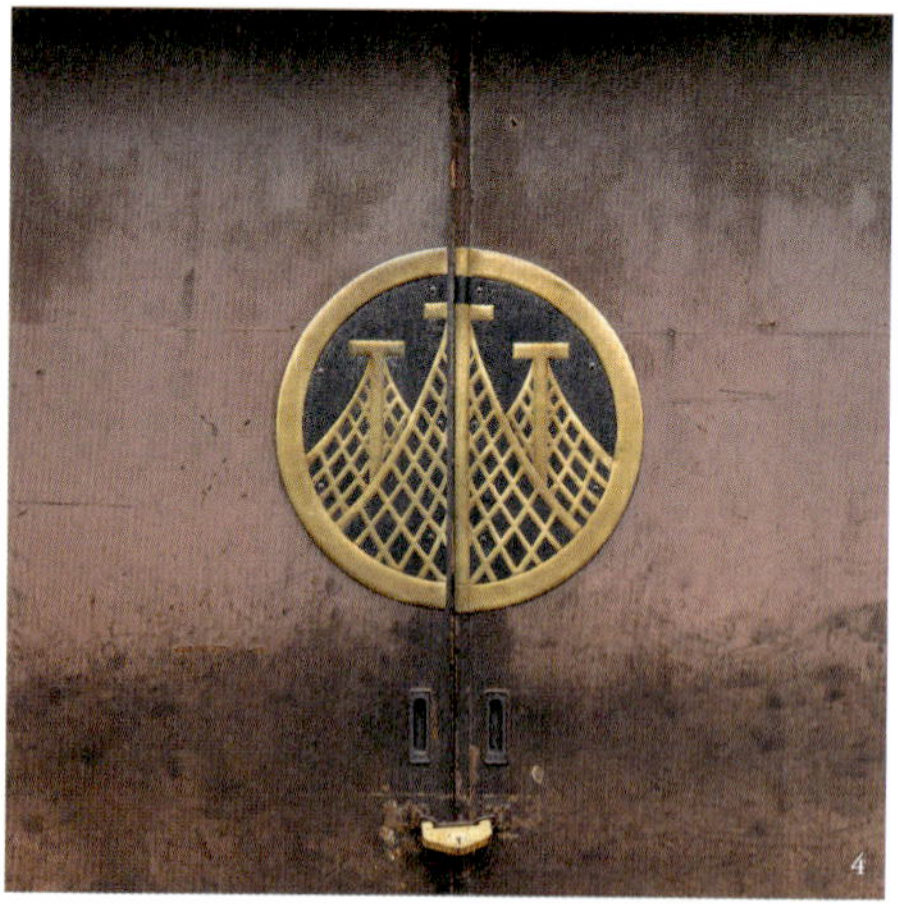

華やかな意匠に目を凝らす

1. 浅草寺の隣にある浅草神社は、観音様を引き上げた兄弟を御祭神として祀っている。2. 宝蔵門に掲げられた浅草寺の扁額。3. 雷門に下げられた提灯の底に彫られた龍。手には願い事が思い通りになるとされる如意《にょい》宝珠《ほうじゅ》を掴んでいる。4. 浅草神社の社紋「三つ網紋」が彫られた扉。御祭神で観音様をお祀りした土師氏と檜前氏の家紋でもある。5. 本堂の外陣。初詣や祭礼時には大勢の人々で溢れかえる。6. 高さ 21.7m の山門・宝蔵門。仁王像を 2 体お祀りしていることから別名・仁王門とも呼ばれる。

5

6

1

見落としがちな細部に注目

1. 本堂の天井画。中央から川端龍子《かわばたりゅうし》による「龍之図」。左右は堂本印象《どうもといんしょう》の「天人之図」。2. 本堂の妻飾り。小さな鬼が施されている。3.1618 年、浅草寺の境内に東照宮を造営した際に神橋として掛けられた石橋。都内に残る最古のもの。4. 浅草寺の本坊・伝法院の仲見世側の正門。明治時代の建築で、 武家屋敷から移築された。5. 江戸を代表する鋳物師・西村和泉守が手がけた銅造宝篋印塔《どうぞうほうきょういんとう》。1761 年に鋳造された。

Information

所在地	◆	東京都台東区浅草2-3-1 03-3842-0181（電話受付:9:30～16:00）
本堂参拝時間	◆	6:00～17:00
アクセス	◆	東京メトロ銀座線ほか「浅草」駅より徒歩5分

不忍池 辯天堂

蓮の池に佇む八角形のお堂

上野恩賜公園にある不忍池の中央に佇む不忍池辯天堂《しのばずのいけべんてんどう》。江戸初期の寛永年間（１６２４〜１６４４年）に、天台宗の僧侶であった天海大僧正によって建立されました。天海大僧正は不忍池を琵琶湖に、元々池にあった小さな島を琵琶湖に浮かぶ竹生島《ちくぶしま》に見立てたといいます。そしてこの中の小島を拡張し、竹生島にある宝厳寺《ほうごんじ》に見立てたお堂を建立したのが今日の辯天堂で

不忍池から望む辨天堂の外観。初夏には一面の蓮と花に浮かぶようにして建つ美しい風景を楽しむことができる。

す。琵琶湖と竹生島に見立てられたことから、同じように創建当時は参詣者を船で運んでいました。しかし、参詣者が増加したことから橋が架けられ、徒歩で渡ることができるようになりました。創建当初のお堂は残念ながら第2次世界大戦時の空襲により焼失。現在のお堂は1958年に復興・再建されたものです。お堂に御本尊として祀られている辯才天は、音楽と芸能の守り神で金運上昇の御利益があるとして信仰されています。通常はお目にかかれない御本尊ですが、年に一回、9月の巳の日に行われる「巳成金《みなるかね》大祭」でご開帳され参拝者も拝むことができます。

また、江戸最古の七福神「谷中七福神」のひとつでもあり、毎年1月1〜10日頃を中心に、七福神巡りを目的に足を運ぶ人も。近年では海外からの観光客の姿も多く見られます。

宝厳寺の映しに 祀られるのは 音楽と芸能の神

1. 外陣からみる辨天堂の内観。2. 辨天堂の天井部分は、板で覆われている。3. 辨天堂の側面。不忍池の四方からお詣りできるようにとお堂は八角形になっている。4. 正面むかって左手にある手水舎。5. 龍の天井絵は 1966 年、画家・児玉希望によって奉納された。6. 御本尊を安置した厨子。背部には八角形の堂の形状が見て取れる。

6

Information

所　在　地	◆	東京都台東区上野公園2-1 03-3821-4638
本堂参拝時間	◆	9:00～17:00
ア　ク　セ　ス	◆	JR山手線「上野」駅より徒歩6分 （通常は内部の撮影不可）

コラム2 動物

COLUMN 2
ANIMAL

1.築地本願寺2.目黒不動尊 瀧泉寺3.妙法寺4.髙尾山 薬王院5.西新井大師6.深大寺7.築地本願寺8.経栄山 題経寺（柴又帝釈天）9.深川不動尊10.目黒不動尊 瀧泉寺

第3章

TOKYO CITY AREA

市部エリア

塩船観音寺

美しく咲き誇る花々とともに

若狭国で人魚の肉を食べて永遠の命を得たという八百比丘尼《やおびくに》。塩船観音寺《しおふねかんのんじ》は大化年間（６４５～６５０年）に、紫金の観音像を八百比丘尼が安置したのがはじまりだとされています。地名でもある「塩船」の名称は、行基《ぎょうき》が天平年間（７２９～７４９年）にこの地を訪れた際、地形が船の形に似ていることから仏が衆生を救う、大きな願いの舟「弘誓《くぜい》の舟」になぞらえて名付け

寄棟造りの本堂の屋根は、「奥多摩の虎葺き」と呼ばれる茅と杉皮を交ぜた特徴的な茅葺き。

たのだとか。その後、貞観年間（859〜877年）には、天台宗の僧侶であった安然和尚《あんねんおしょう》が十二の坊舎を建てて興隆を極めたと伝えられています。

寺内の見どころも多く、室町時代に建てられた本堂や阿弥陀堂、仁王門など、文化財に指定されている建造物や宝物類が多く保存されています。御本尊の千手観音（十一面千手千眼観自在菩薩）像は、1264年に作られたものだといわれています。

近年では「花の寺」としても広く知られています。なかでもゴールデンウィーク頃に見頃を迎えるツツジが美しいことでも有名です。境内の斜面に護摩堂をぐるりと囲むようにして植えられた約20品種、約2万本の色とりどりのツツジが咲き誇る様子は壮観。つつじ祭りが開催され、多くの人が見物に訪れます。ツツジが終わればあじさい、彼岸花など、一年を通じて四季折々の花を愛でることができる寺院です。

1. 切妻造りの茅葺屋根が特徴の仁王門。2. つつじの名所としても有名な塩船観音寺。つつじ山から見下ろした寺庭は壮観。開花情報は公式 HP で随時更新している。3. 室町時代に建立された仁王門は、国指定の重要文化財になっている。なかに安置されている金剛力士像２体も東京都の指定有形文化財。4. 仁王門は門柱と８本の控え柱で構成される八脚門。5. 塩船観音の夫婦杉とも呼ばれる都内有数の巨木・大スギ。都の天然記念物に。6. 観音様のお稲荷様として信仰される児玉稲荷社（写真右）と、寺の鎮守様･七社権現社（写真中央）。招福の鐘（写真左）は撞く人に幸せをもたらすよう願って建立された。7. 桃山時代に建造されたと推測される薬師堂。木造、寄棟造りで青梅市の有形文化財。8. 室町時代建立の国指定、重要文化財の阿弥陀堂。9. 竹を組んで屋根を支えている阿弥陀堂の屋根部分。

美しい花と自然に囲まれて

Information

所在地 ◆ 東京都青梅市塩船194
0428-22-6677
本堂参拝時間 ◆ 8:00～17:00
アクセス ◆ JR青梅線「河辺」駅から西東京バス·都バスに乗車、
「塩船観音入口」で下車後徒歩10分

高幡不動尊 金剛寺

不動明王を祀る関東三大不動

古くから関東三大不動のひとつに数えられる高幡山《たかはたさん》明王院《みょうおういん》金剛寺《こんごうじ》。地元の人々からは駅名にもなっている「高幡不動尊」または「高幡のお不動さん」として親しまれているお寺です。開基については諸説ありますが、平安時代初期に天台宗の慈覚《じかく》大師《だいし》円仁《えんじん》が、清和天皇の命を受けて勅願によって、この地を霊場と定めて不動堂を建立。そこに不動明王を安置したのがはじまりだ

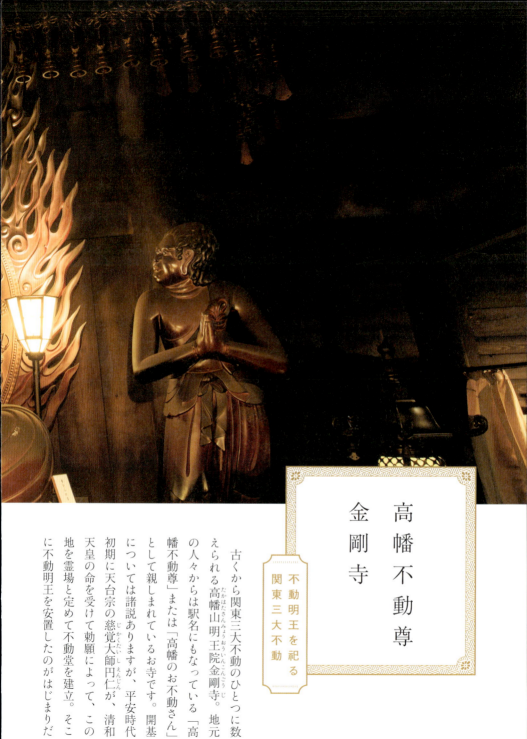

護摩修行が行われる不動堂。重要文化財に指定されている。

と伝えられています。

室町時代には「汗かき不動」と呼ばれ、鎌倉公方をはじめ戦国武将達から信仰を集めました。江戸時代には関東十一檀林に数えられ、火防の不動尊として広く庶民から信仰されます。境内には慈覚大師によって建造、１３４２年に移建され、東京都の文化財にも指定されている不動堂をはじめ室町時代に造営された仁王門など、貴重な文化財や多くの寺宝を有しています。

新選組・土方歳三の菩提寺としても知られていて、奥殿には土方歳三の書簡などの資料が展示されていることから幕末ファンも多くやってくる寺院です。初詣や節分会、毎月28日に開催される縁日など、一年を通してさまざまな行事が行われています。約４０００坪を超える広大な寺の敷地には、多くの植物が植えられており、初夏のあじさいや秋の彼岸花などが境内を彩り、参詣者の目を和ませています。

お不動様が見守る
東京屈指の大寺院

1. 不動堂はもともと山中にあったが、1342 年に現在の場所に移築された。東京都屈指の古さを誇る文化財建造物といわれている。2. 入母屋造りの不動堂。独特なソリが美しい。3. 文化財を収蔵する奥殿。丈六不動三尊像のほか、鎌倉時代に造られた鰐口、土方歳三の書簡などを見ることができる。4. 平安時代後期の作であり、重要文化財に指定されている丈六不動明王像。5. 寺の総本堂である大日堂。現在の大日堂は 1982 年から 5 年かけて仮本堂を改修したもの。鎌倉時代様式で入母屋造りの建造物。その内陣は総漆塗りになっている。6. 大日堂の天井には江戸時代の絵師・田公奥によって描かれた鳴り龍が。7. 室町時代後期の建立と伝えられる仁王門。1959 年の解体修理で建造時の姿がわかり、往時の姿に復元された。8. 不動堂の向拝。なかを覗くと大空間のなか、迫力のある不動明王像が現れる。

Information

所　在　地 ◆	東京都日野市高幡733 042-591-0032
本堂参拝時間 ◆	大日堂、奥殿は9:00〜16:00 （月曜拝観休）
アクセス ◆	京王線・多摩都市モノレール 「高幡不動」駅から徒歩5分

高尾山薬王院

東京を代表する山に佇む

都心からは電車でおよそ30分の距離にある高尾山薬王院《たかおさんやくおういん》。標高599mの高尾山の中腹に位置し、正式名称を「高尾山薬王院有喜寺《うきじ》」といいます。創建した当初は薬師如来を御本尊としていたことから「薬王院」の名が付きました。南北朝時代の永和年間（1375〜76年）からは、今の御本尊である飯《い》縄《づな》大権現《だいごんげん》をお祀りするようになりました。現在は真言宗智山派の関東三大本山のひとつに数えられています。また、高尾山といえばおなじみなのが「天狗様」です。飯縄大権現の眷属《けんぞく》（従者）で、除災開運や災厄消除、招福万来といった御利益があるといわれています。

戦国時代、飯縄大権現が武将の守護神として崇敬されていたことから、小田原北条氏をはじめ、江戸時代には徳川幕府が高尾山を保護してきました。さらに明治時代になると皇室の御料林、戦後は国有林となります。現在は明治の森高尾国定公園に指定されるなど、高尾山の美しい自然は時代を経ても大切に守られ、現代に至るまで受け継がれています。

近年ではハイキング・トレッキングの名所として国内はもとより、海外からも多くの人が訪れます。春は桜、夏は新緑……というように、四季折々に表情を変えるので、何度でも足を運びたくなる場所です。

1

1. 浄心門を過ぎるとあらわれる百八段階段（男坂）。人間がもつ108の苦しみや悩みを、ここを昇ることで乗り越えられるという。2. 雄大な自然のなかにある薬王院。近くの山々も望むことができる。

1

3

高尾山のなか
深遠な山容を
つくりだして

7

8

Information

所在地 ◆	東京都八王子市高尾町2177 042-661-1115
本堂参拝時間 ◆	9:00〜16:00
アクセス ◆	京王高尾線「高尾山口」駅より徒歩3分、 ケーブルカーまたはエコーリフトに乗車。 ケーブルカーは「高尾山」駅下車後、徒歩約20分。エコーリフトは「山上」駅下車後、徒歩30分。

4

5

1.1959年に再建された御本堂には御本尊の飯縄大権現を安置している。2. 総檜造りが美しい山門の屋根。3. 山門（四天王門）は1984年に再建されたもので、多聞天、増長天、持国天、広目天の守護神の像を安置している。4. 山門の横には飯縄大権現を守護する天狗の像が立つ。5. 御本社（権現堂）の様子。朱塗りの鳥居など神仏習合時代の名残を残している。6. 御本社の至るところに空想上の聖獣の彫刻をみつけることができる。7. 御本社の本殿の裏側まで、四方八方に美しい彫刻が彫られている。8. 欄間彫刻のひとつ。鹿が描かれる。

6

深大寺

水と緑にあふれる水神を祀る寺院

調布にある深大寺《じんだいじ》は、近年NHKの連続テレビ小説「ゲゲゲの女房」にも登場したことで脚光を浴びた天台宗の寺院です。奈良時代の733年、満功《まんくう》上人《しょうにん》によって創建されたと伝えられています。寺の名前になっている深大寺は、水神である深沙大王《じんじゃだいおう》に由来します。寺に伝わる縁起絵巻によると、満功上人の父・福満と豪族の美しい娘が恋に落ちましたが、娘の両親の反対に御本尊である宝冠《ほうかん》阿弥陀如来《あみだにょらい》を祀る本堂。

よってふたりは引き裂かれ、娘は湖の小島に隔離されてしまいました。そこで福満が深沙大王に祈願したところ、霊亀が現れて娘がいる島へ渡ることができたのだとか。そんな不思議な出来事を知った娘の両親はふたりの仲を許し、晴れて結ばれて誕生したのが満功上人です。父から「深沙大王に感謝し、お祀りするための寺院を建ててほしい」という願いを受けて、満功上人によって深大寺が創建されました。こうしたロマンティックな背景から縁結びの御利益があるとして、近年では若い世代の女性からも信仰を集めているのだとか。

国宝に指定された白鳳仏や、国の重要文化財である梵鐘など貴重な寺宝が安置されているほか、3月3〜4日に行われる深大寺だるま市は、「日本三大だるま市」としても有名です。また、参道に軒を連ねる蕎麦屋も名物で、参拝後に立ち寄る人も多いのだそう。

1

2

1. 本堂の内部、御本尊を見る。2. 本堂の廊下頭上には、お釈迦さまの一生を描いた絵が飾られている。画像は「誕生」の絵。3. 楽器を奏でる天女の姿を彫った欄間。4. 本堂、外陣から内陣を見る。5. 本堂向かって左手にある五大尊池。6. 屋根下の組物の合間に、花の彫刻があしらわれている。7. 本堂の屋根。深大寺の寺紋である桜がみえる。8. 梁の木鼻には獅子や象の彫りものが施されている。9. 正面の上り口は、禅宗様の桟唐《さんから》戸《ど》の引き戸が嵌められている。

寺紋の桜が伽藍を飾る

慈《じ》恵《え》大《だい》師《し》良《りょう》源《げん》を祀る
元《がん》三《ざん》大《だい》師《し》堂《どう》

1

2

3

1. 賓頭盧《びんずる》尊者《そんじゃ》の木像。お釈迦さまの弟子で、医学に精通していたと伝わる。悪いところを撫でると病気平癒のご利益があるといわれる。2. 一帯は豊かな湧水が特徴で、東京の名湧水 57 選に入る「不動の滝」は明治時代から湧き水として利用されてきたという。3. 慈恵大師（元三大師）像を安置する元三大師堂。4. 明治時代の神仏分離令により旧堂が取り壊され、昭和 43（1968）年に再建された深沙堂。5. 山内で一番古い建造物とされ、都内に現在も残る建築のなかでも意匠的に評価が高い山門。6. 昭和 41（1966）年に行われた秋田県象潟港工事で、海底から引き上げた石の中に慈覚大師が彫った延命観音を発見。深大寺に安置された。7. 国宝の釈迦如来像（白鳳仏）。飛鳥時代後期に鋳造された都内寺院唯一の国宝仏。

Information

所　在　地 ◆ 東京都調布市深大寺元町5-15-1
042-486-5511

本堂参拝時間 ◆ 9:00～17:00

ア ク セ ス ◆ 京王線「調布」駅よりバスで15分
（通常は内部の撮影不可）

廣園寺

境内一体が史跡の美しい寺院

南北朝時代の1389年に創建された臨済宗南禅寺派の寺院、廣園寺《こうおんじ》。開基は諸説あり、一説によると同じく八王子市内にあった、片倉城を建てた大《おお》江備中守師親《えびちゅうのかみもろちか》の開基だといわれています。10000坪もの広大な敷地は、大江備中守師親が寄進したもので近隣の住民や信徒達の協力によって、大伽藍が造営されました。

開山は、埼玉県秩父出身の法光圓融《ほうこうえんゆう》

寺内で最も古い建造物である山門。この山門と総門、仏殿が直線状に並ぶ伽藍配置が廣園寺の特徴。

禅師《ぜんし》峻翁令山《しゅんのうれいざん》和尚《おしょう》で、１４０８年に65歳でこの世を去るまでこの地に留まり、教えを説きました。命日である４月６日は開山忌として「開山巡道の行列」が盛大に行われます。

戦国期までは盛運を誇っていましたが、１５９０年の豊臣秀吉による八王子城への出兵の際に、戦火に巻き込まれてしまいます。広大な敷地に建てられた建造物はすべて焼失。一度は復興しましたが、１６９７年の大火によって徳川時代初期の建立と伝えられる山門以外はまたも消失してしまいました。度重なる災難に遭いながらもその都度復興が進められ、第二次世界大戦中には八王子市も空襲の被害を受けましたが、戦火を免れています。今も境内には江戸時代中期の建造物が現存しています。山門に加え、総門（勅使門）、仏殿、鐘楼梵殿は東京都の有形文化財に、境内一帯は東京都の史跡に指定されています。

江戸期の貴重な建物に囲まれて

1. 山門の前方にある四脚門の総門は別名・勅使門ともいう。勅使下向、開山忌の際など、特別な時にだけ開門し、行列が通る。2. 江戸時代初期に建てられた山門の屋根。楼上には「十六羅漢像」が安置されている。3. 境内の中央には、御本尊の弥勒菩薩を安置する仏殿がある。4. 仏殿の天井に描かれた龍の図。5. 仏殿内部に鎮座する弥勒菩薩。

1

3

2

心が落ち着く
美しい庭のなかで

1. 方丈の座敷から方丈庭園を眺める。2. 方丈には地蔵菩薩を安置している。臨済宗の専門道場「廣園寺専門道場」とつながっている。3. 一般的には本堂と呼ばれる方丈。4. 仏殿の東側に建つ鐘楼は、江戸時代中期の建立と推定される。5. 鐘楼の屋根の垂木が放射状に並べられているのは禅宗系の寺院の特徴。6. 一般の参拝は総門の脇にあるこちらの門から。緑があふれ、心が鎮まる境内。

Information

所在地 ◆	東京都八王子市山田町1577 042-661-7022
参拝時間 ◆	9:00〜17:00。内部は一般非公開
アクセス ◆	京王高尾線「山田」駅より徒歩8分

監修：小岩正樹

Masaki Koiwa

早稲田大学理工学術院准教授。1977年神奈川県生まれ。早稲田大学理工学部建築学科を卒業後、同大学院修士課程、博士後期課程修了。同大学助手・助教をへて、2014年より現職。博士(工学)。専門は建築史、文化遺産学。主な研究業績に『日本建築生産組織に関する研究1959』(故渡邊保忠著・編集校訂、明現社)、『バイヨン寺院全域の保存修復のためのマスタープラン』(共編著、財団法人日本国際協力センター)、『日本近代建築大全<東日本篇>』(共著、講談社)、『日本都市史・建築史事典』(共著、丸善出版)など。

文：大浦春堂

Shundo Ohura

編集者、トラベルライター。おもに社寺参りに関する記事を雑誌やWEBマガジンに寄稿するほか、自著に『御朱印と御朱印帳で旅する全国の神社とお寺』(マイナビ出版)、『神様とつながる暮らし方』(彩図社)、『神様が宿る御神酒』(神宮館)、『神社とお寺 おいしいお詣りスイーツ』(講談社)がある。

東京いちどは訪れたいお寺の名建築

2019年4月24日　初版第1刷発行

発行者

澤井聖一

発行所

株式会社エクスナレッジ

〒106-0032　東京都港区六本木7-2-26

http://www.xknowledge.co.jp/

問い合わせ先

〈編集〉

Tel.03-3403-1381　Fax.03-3403-1345

info@xknowledge.co.jp

〈販売〉

Tel.03-3403-1321　Fax.03-3403-1829